天下文化
BELIEVE IN READING

增加談話深度的關鍵技巧

同理心對話

WE NEED TO TALK

How to Have Conversations that Matter

Celeste Headlee
瑟列斯特・赫莉——著
連育德——譯

目次

推薦序

從感知到感動的藝術

黃志靖
創略廣告 董事總經理
創集團 共同創辦人

光是從ＴＥＤ最受歡迎演講的評價就值得關注！

不論是作者本身的風采或是書中的觀點。

不要只想要改變對方，不要想著自己想提的問題……

這真是當頭棒喝、直搗核心！I LIKE IT.

西方哲人文豪詮釋「對話」，是帶著藝術性與哲學性的，十分精闢。

其實東方文化，特別是中國文字對於「對話溝通」的理解更加生活白話，淺顯易懂，容易學習與實踐。

對話之所以能夠成立，就建立在這個「對」字！能夠「對」得起來，才能完成對話的功效。

對盤：

很多不對盤的狀況，都來自不夠開放的心！不開放的心導致不夠整全的資訊，最終也就造成錯誤的判斷結果。

培養習慣多問如何、為何、何時、何人、何事？因為沒有全盤了解就輕率憑感覺進行對話談判，那肯定是不對盤！

對味：

符號學當中，對於人類語言的限制性理論，對非專業口語傳播工作者而言，是不容易明白的。然而從一般商業操作的經驗裡，卻說明了這個理論的實際。

明明自己覺得語言掌控與文字表達十分準確，卻還是常常不能達到預期的效果，不論是成功說服，或單單只是引起笑點的反應……其實根本的問題，還是對人的理解與同理不夠深入。

神創造人類實在是太奇妙了，人的心思意念、情緒感官，複雜多元，又敏銳多變，這些都構成溝通對話的困難度。作者建議我們學習，個人主見擺一邊，因為每個人都有值得學習之處。時時與對方同行，專注當下，別恍神，因為眼神肢體，甚至輕咳微笑，都附加著情緒，也帶著訊息。這些都是讓我們重新對焦在人，不僅只聚焦於事上。

對錯：

專業的知識交換與論證，常在交鋒中無意閃露出高姿態，說教性格迸出好為人師的風格籠罩全場。除非你對話的對象，是把你當作國師般景仰，否則結果通常都不是太好；要不敷衍了事，客氣虛應，要不就是根本無法進行對話，只能稱得上辯論。情緒轉換、立場轉換、態度轉換，這全都是現今職場人士必備的專業技能，今天不學明天後悔！

講到這裡你是不是覺得有點玄啊？有那麼一點高冷藝術摸不著規律？

如果你有這樣的感受，恭喜你入門了！因為莫泊桑說：對話是一種玄學，它是一門不無聊的藝術，讓事情趣味盎然的藝術，小題大作的藝術，無中生有的藝術。你領受了嗎？

前言

一九八二年一月十三日，華府郊區發生一樁慘劇。華盛頓國家機場（Washington National Airport）積了六吋多的雪，一整個早上幾乎都關閉，到中午才重新開放。佛羅里達航空（Air Florida）九〇號班機已經嚴重延誤，就看機長決定要不要起飛。他可以多等一會兒，再除冰一次，也可以立刻起飛，準時把乘客送往目的地。上一次除冰已經是四十九分鐘前的事了，但他最後還是選擇即刻起飛。

從座艙的通話記錄器得知，飛機起飛不久，副駕駛便設法提醒機長。[1]

副駕駛：你看那後頭結冰結成這樣，冰柱一大堆，你看到了嗎？

機　長：有。

副駕駛：唉呀，除冰好像沒有用，只是做個安心而已。

（過了幾分鐘）

副駕駛：天啊，你看。那樣不正常吧？（停頓了三秒）啊，這樣不行。所以……

機　長：沒問題啦，現在是八十。（指空速）

副駕駛：不對……我覺得這樣不行。（停頓了七秒）啊，你可能是對的……我也不知道。

這樣你來我往，兩個人其實都沒發現座艙的數據並不準，因為飛機的儀器已經被冰霜堵塞，而且機長一直沒有打開引擎的加溫器。飛機起飛後三十五秒左右，座艙出現這段對話：

副駕駛：賴瑞，飛機要墜落了，賴瑞。

機　長：我知道。

飛機最後撞上十四街大橋，墜落在波多馬克河（Potomac River），共七十八人喪命，只有五人死裡逃生。

這起空難後來成為制定飛安標準的一大轉捩點，促使美國聯邦航空總署（Federal Aviation Administration）研究飛機除冰的適當頻率、如何研發更長效的除冰化學成分，以及低溫對飛機儀器有何衝擊。專家還花了很多時間分析黑盒子的座艙對話。

時隔二十年，我在研究一則報導時讀到這則意外，不禁重新思考我對「對話」這門學問的觀點。溝通專家聽過黑盒子之後，大多數人得出的結論都是：副駕駛必須學習跟機長更明確的溝通。但我的第一個念頭是，機長應該接受傾聽的訓練。這是我第一次覺得，改善對話技巧有可能救你一命。

溝通不良可能會危及生命

對大多數人來說，日常對話好像不會嚴重到生死交關的地步。但各位有沒有住院的經驗？溝通不良，常常有可能危及生命。二〇〇九年到二〇一三年期間，美國因為醫病溝通不良而致死的人數達一千七百四十四人，這還只算到治療失當的訴訟官司。[2]「溝通不良」這個詞的範圍很廣，可能是夜班護士失職，忘了把重要資訊交代給交接的護士；可能是醫師還沒看病歷，就直接開藥；也可能是家屬趕到醫院時，常常又急又慌，所以與病患溝通斷線。

這類對話太重要了，當下就要一次到位。表達必須言簡意賅的同時，還要懂得仔細傾聽。過程中有種種情緒因素，例如：疼痛、壓力、困惑、生氣等，都可能讓雙方溝通不良；也因為事關重大，溝通必須要清楚而全面。

還好，我每天在電台主持節目，聽眾的性命不會決定在我身上。但重點是，我們平常選擇說出口的話，或不說出口的話，往往會影響人生大事。

想一想，我們因為溝通不良喪失過多少機會，錯過了多少人生的轉折點。

要是面試很順利，你是不是有可能拿到那份理想的工作？要是你更願意把問題攤開來講，是不是有可能挽救回那段感情？又或者，吃感恩節晚餐聊政治聊到反目成仇時，有沒有辦法一方面堅守原則，又不會讓堂哥氣到離開餐桌，到現在還不肯回你簡訊？

看完九〇號班機的對話紀錄後，我花了很多時間反省自己，我有多少次表達得不清不楚，又有多少次誤會對方的意思。我還了解到，說錯話是每個人都有的經驗，這些話有時是我們說出或沒說出的話，有時是我們沒聽到的話，有時是我們聽到了卻誤解的話，結果因此失去某些事物。所以，把溝通這門課題學好，對你我都有幫助。

傾聽很重要

我吃過溝通不良的悶虧，對於人生有了一些重要的體悟。我學到傾聽的重要，正因為我曾經聽而不聞。二〇一〇年海地發生大地震後兩天，我在電台接聽密西根州一位女性聽眾的電話，她叫梅勒莉．瑟羅（Mallery Thurlow），因為這兩天一直聯絡不到人在太子港的未婚夫，也找不到認識的人能告訴她親友是生是死，她的心裡很著急。

我們的製作團隊費盡千辛萬苦，找到她的未婚夫法蘭斯．奈普（France Neptune），讓兩個人透過節目對話。[3]這是地震後梅勒莉和法蘭斯第一次聽到彼此的聲音，我和主持搭檔聽著他們的對話，每一字每一句都是如釋重負與感激，大家聽了很感動。他們一來一往，對話很有震撼力，完全照著節目規劃的方向走，我正覺得自己表現不錯的時候，卻沒有聽出端倪。

法蘭斯說著說著，在現場節目告訴梅勒莉，她的乾兒子被倒塌的學校建築壓死了。不出所料，梅勒莉哭了出來。我也不知道該怎麼回應，只能任憑場面僵在那裡。對幾千名聽眾來說，想必也很難受，覺得自己不請自來，聽到一段心痛萬分的私人對話。後來，電台接到許多民眾的抱怨。

來賓在千萬聽眾面前得知親友喪命，暫且不管這樣的節目內容道不道德，但害來賓在現場落淚，只是讓聽眾為她難過罷了，並不算是好節目。大多數人聽了都想安慰來賓，卻沒有辦法，只希望身為主持人的我可以安慰對方。但問題是，我常常找不到適合的話，也沒有時間這麼做。如果我那次聽得再仔細一點，或許就能聽出對話內容出現轉變，找機會結束話題，讓梅勒莉和法蘭斯私下深談。這個疏失到現在還困擾著我，我只想到自己，而忘了傾聽。

生活中，我曾經因為沒有表達出心聲，而跟一些親戚失去聯絡，幾段友情也因此無疾而終。工作上，我也曾因為在與召募顧問或主管的重要對話中沒有明確表達看法，因而在職場上受挫。

對話是重要的基本技能

現在我認為，對話可能是人生最重要的基本技能之一，值得大家學習與精進。看似微不足道的閒聊，也可能有重大的影響。我會投入廣播界，其實正要歸功於一次閒聊。

一九九九年，我剛從密西根大學讀完研究所，未婚夫隨軍隊駐紮在科索沃，我則留在亞利桑那照顧剛出生不久的兒子。有一次，我陪母親到亞利桑那公共廣播電台，她要接受節目訪談，聊聊我的外公。

外公是名聞遐邇的作曲家，常常被冠上黑人作曲家泰斗的稱號，是美國歷史上的重要人物。他有一長串的創舉，包括：第一個指揮美國主要交響樂團的黑人、第一個在美國南部指揮管弦樂團的黑人、第一個由主流音樂公司製作歌劇的黑人音樂家等。我母親經常受訪討論他，那一次我剛好跟著。

沒想到，電台的音樂總監是我的老朋友，我們聊了起來，但不知道我講到什麼，她突然脫口而出：「那你想要工作嗎？」她正想找週末值班的古典音樂節目主持人，但適合的人選不容易找，主持人需要有深厚的古典音樂知識，還要會報出卡米爾・聖桑（Camille Saint-Saëns）、顧拜杜里納（Sofia Asgatovna Gubaidulina）這些讓人舌頭打結的音樂大師姓名。

我有兩個音樂相關學位，不但唸得出布拉姆斯（Johannes Brahms）正確的英文發音，還有八卦故事可以分享，點出他當過第三者，介入羅伯特・舒曼與克拉拉・舒曼（Robert and Clara Schumann）的感情。

我接下這份工作，從此展開了媒體生活，擔任在地電台的播報員與記者，也在美國公共廣播電台與國際公共廣播電台擔任全國聯播節目的主持人。我上過美國CNN與英國BBC電視台擔任特別來賓，也為美國公共電視網國際台（PBS World）擔任總統大選報導的主播。一路走來稍微做出一點成績，但有些記憶片刻卻在我心中揮之不去，讓我夜晚輾轉難眠，因為我在當下沒有建立與對方的交集，沒有明確表達出觀點，沒有傾聽對方的心聲，沒有發現對方的求助訊號。

我有過幾次可能改變人生際遇的重要對話。該說的我都說了嗎？對方了解我說的話嗎？我聽清楚對方的心意了嗎？我有多少沒說清楚、沒聽清楚的？這些問題困擾著我，我也不由得在想，其他人應該也有類似的苦惱。

二〇一四年，「TEDx 奧古斯塔」（TEDx Augusta）的主辦單位邀請我去演講，請我思考有什麼事很困擾我，再把可能的解決方法寫下來。連想都不必想，最困擾我的就是那些千金難買的對話片刻。我愈想就愈覺得，我們的社會因為溝通不良正在付出代價。我們的對話能力降低，感覺大家現在都不直接溝通了。我們還是會講話、會聊天，很多時候以簡訊或電子郵件代勞，卻不深談。我們極力避免棘手的話題，不肯花時間了解生活與工作周遭的人。

學習與不同意見的人對話

對話的力量實在不能低估。它能弭平差距，也能撫平傷口，重要性不言可喻。好的對話，會帶來強大的正面力量；不好的對話，破壞力亦不容小覷。

放眼美國乃至於全世界，會有現在的一些問題，經常是對話出了差錯，甚至是沒有對話而導致。諷刺的是，我們隨時隨地把溝通掛在嘴上。試問，美國面臨毒品、種族、執法、教育、移民等等的議題，已經有多少人大聲疾呼要「全國性的對話」？我們一再說必須好好溝通，卻又只是高喊自己的意見，完全不管對方說什麼。

這怎麼能說是對話呢！我們的世界因為政治而分裂，因為科技而分心，針對一件事好好對話已經成為奢侈。衛斯理．莫利斯（Wesley Morris）曾在《紐約時報》（*New York Times*）撰文寫道：「以前，我們說，對方會聽……。大家仍舊會圍在電視前看晚間新聞，大家一起體驗大眾文化。所謂的全國性對話，以前指的是大多數人在那一陣子同時參與討論，大大小小的事都可能是話題。」[4]

重要的對話有可能不是出現在全國性的場合，而是發生在辦公室隔間或雜貨店走道。真誠的對話有可能不是出現在網路，而只發生在客廳、員工餐廳、機場、餐館。

你可能覺得自己很少跟人打交道，但你的行動卻會具體影響生活周遭的人。正如氣象學家愛德華．羅倫茲（Edward Lorenz）提出的「蝴蝶效應」，蝴蝶展翅，最終有可能造成颶風；你的所作所為，也會影響生活周遭的世界。我們必須學會如何對話，更應該學會如何傾聽。我們必須學會跟不同意見的人對話，因為現實生活不像臉書，無法把每個人從好友名單中刪除。

這本書對我有切身的關係，源於有人問我有什麼困擾，又會怎麼改善。我困擾的是，我們不再彼此對話，只是各說各話，而且通常也不肯傾聽。透過這本書，我希望能夠貢獻自己的微薄之力，改變這樣的現象。

Part I

什麼是對話？
對話是一門玄學！
它是一門讓人不無聊的藝術，
讓事情趣味盎然的藝術，
小題大作的藝術，
無中生有樂無窮的藝術

——莫泊桑（Guy de Maupassant），法國文豪

1 對話是生存利器

演化的英文是evolve，由e和volve組成，代表「往前轉動」。對話的英文是converse，由con和verse組成，代表「一起轉動」。也就是說，我們透過對話一起往前轉動，就能期待成真，開始演化。

——集體智慧機構（Co-Intelligence Institute）

進行複雜的對話是人類獨有的能力。生物學家認為，對話是一股強大的演化力量，讓人類立足自然界，往食物鏈上游前進。人類究竟是何時開始嘰哩呱啦說話的，雖然仍有討論空間，但少說應該起碼有百萬年的歷史了。

會說話對我們有什麼幫助？首先，我們有辦法說謊，動物不行。貓不喜歡你，你一定會知道；狗沒有辦法假裝狂吠；大象的叫聲是裝不來的。人類可以裝模作樣，雖然表面上似乎是缺點，但常常能派上用場。

想像一下，你沒有辦法假裝喜歡你的婆婆或老闆；沒有辦法知道朋友今天過得很慘，還安慰她說新髮型很好看；沒有辦法騙潛在雇主說，你打算在公司至少待五年。說謊固然帶有負面聯想，但同時也是生活的基本能力，而且據我們所知，這也是人類獨有的能力。（我家的狗會假裝早上還沒吃過飯，想從我兒子要到第二頓早餐，但我猜這應該算不上科學定義的「說謊」吧。）

說話是人類的強項

自古至今，對話向來是人類的重要資產。跟其他動物比起來，身體特徵並不是人類的強項。雪豹來無影去無蹤、科摩多巨蜥會噴射毒液、北極熊力大無窮，都讓我們覺得很神奇；要是跟灰熊打肉搏戰，大家一定也知道不會贏。在食物鏈當中，人類當然不是排在最頂端。[1] 如果給一分到五分，我們只有二・

二一分，跟鯷魚不相上下。

儘管我們先天技不如動物，卻是萬物之靈，或許是因為人類的體型相對脆弱，只好另外找方法競爭，其中一個最重要的法寶就是說話。聽覺神經科學家賽斯・霍若維茲（Seth Horowitz）這麼說：

我們自視是地球上最聰明的新主宰，但其實是經過四億年演化的結果。耳朵進化了，大腦的基本聽覺迴路也進化了，很多功能都集中在聽到同類的聲音。聲音是最重要的訊號，就算看不到對方，也能聽得到。聽覺會演化成人類的警示系統，是因為我們屬於晝行性動物，晚上看不清楚，卻能在黑暗中聽到聲音，就算睡著了也聽得到。聲音對我們何其重要，就算看不到我們也可以聽。經過演化，我們學會聽別人說話。[2]

許多演化生物學家認為，人類發展出語言是基於經濟考量。我們必須買賣，為了買賣要先建立信任感。想跟其他人做生意，懂得語言就方便了。兩個古代人類不但懂得用六串香蕉換三個木碗，還能訂好條件。木碗是用哪種木頭做的？香蕉是在哪裡採的？如果只靠比手畫腳和嗯嗯啊啊，這筆交易根本無法成交。按照條件達成交易，也能建立彼此的信任感。

語言讓我們能更具體的表達，對話在其中扮演很重要的角色。貓在痛，你看得出來，但貓沒有辦法說哪裡在痛，怎麼樣的痛法。人類不但可以，還能說出是屬於哪種程度的痛感，什麼時候開始痛。所以說，語言是生存利器。

有些科學家認為，人類發展出語言是為了交配。其他物種也有類似現象，動物能夠發出某些聲音，模仿同類有可能吸引到異性。（但如果是人類，這種能力有可能會聰明反被聰明誤。我想到林肯曾說過：「**寧可保持沉默，被人以為是笨蛋，也好過一開口，被人證實是笨蛋。**」）

不管最初的動機是什麼，人類到現在已經發展出高度複雜的語言，比狗的汪汪叫、蛇的嘶嘶聲厲害太多。「我們可以用語言看未來，」著有《人類天生是文化咖》（*Wired for Culture*）的演化生物學家馬克・佩葛（Mark Pagel）說：「我們可以分享其他人的想法，從過去的經驗汲取智慧。我們可以訂計畫、談生意、達成協議。我們可以向心儀的對象求愛，威嚇敵人。我們可以說出誰對誰做了什麼，什麼時候做的，又為什麼做。我們可以說明怎麼做事情，又應該避免做哪些事。」[3]

放眼全天下各個物種，只有人類為了對話而出現身體構造的演化。我們的發聲構造一開始跟黑猩猩一樣，有嘴唇、舌頭、肺部、喉嚨、軟顎、喉頭等等，讓我們能夠發聲。

（如果只想要發聲，沒有要發出什麼特定的聲音，你甚至不需要用到喉嚨，只要有顆氣球就好。你可以把氣球吹大，然後一邊調整吹氣孔的大小，一邊慢慢釋放空氣，把氣球一縮一放，就可以看到薄薄的塑膠時快時慢在震動。喉嚨的運作就是這樣的道理，空氣經過喉嚨時，聲帶會震動。）

但人類不只需要發出聲音而已，我們的演化過程跟猩猩不一樣，我們發展出口語的能力，嘴巴變小，脖子變短，嘴唇變得更靈活。為了達到這個演化優勢，我們付出昂貴的代價，喉頭愈來愈往喉嚨下方生長，產生一個額外的空間叫咽，由肌肉壁組成，可以把食物送進食道，為吸進的空氣增溫，再送往肺臟。

嘴巴與脖子有了這些轉變，我們才有辦法說話，但食物必須走更遠，通過喉頭到食道後，才能消化。如果食物在這段過程中卡住，阻斷呼吸道，就會窒息。也就是說，人類為了溝通更清楚，甘冒可能喪命的風險，可見語言對人類實在太重要了。

值得注意的是，語言不等於溝通。溝通可以盡在不言中、可以用手勢、用眼神、用身體觸碰，但如果要進行對話，就必須要有語言。比方說，比手語雖然不必發出聲音，但它還是屬於有字彙、有句構的正式語言。

人類語言是怎麼發展形成的，理論有很多種，但我最喜歡的一個出自於麻省理工學院的語言學教授宮川繁（Shigeru Miyagawa）。他以諾姆．喬姆斯基（Noam Chomsky）與肯尼斯．海爾（Kenneth Hale）等語言學家的研究為起點，認為人類發展出傳統定義的語言，起初可能結合其他動物的肢體語言與鳥鳴。

肢體語言包括揮手打招呼，或是伸手指點方向，就好比蜜蜂藉著飛舞，告訴其他同伴哪裡的花朵富含花粉。我們可以了解獨立的一個肢體動作（例如指東西）代表什麼意思；同理，我們也可以了解某個字（例如「火」）是什麼意思。

但鳥鳴沒有辦法把單個聲音獨立出來，而是一層一層堆疊，必須將訊息視為整體傳達。也就是說，完整聽完鳥叫後，才能知道它的含意。如果把鳥鳴拆解成一個一個聲音，就完全無法理解，就如同象形文字一樣，把字拆成一個一個的線條，就沒了意義。宮川繁認為，人類演化到最後，只靠手勢和單字溝通並不夠，無法表達真正想說的話，所以添加了複雜的表達方式。

我最喜歡宮川繁的理論，正是因為這表示人類先會唱歌才會說話。

溝通不良的後果嚴重

我們已經忘了溝通對人類的重要性，或許就是因為這樣，現代人對於對話的崩解可以不以為意。我們可能沒有意識到：自古至今，我們都很仰賴溝通的能力。幾千年來，語言與對話是人類活命的關鍵，過程中更大幅改善了溝通的工具。但我們是否精進了溝通能力？是否改善了應該說什麼、怎麼說，又怎麼傾聽的技能呢？

簡單一句話回答：沒有。

我們為什麼要加強對話的能力，有兩個重要原因，一是經濟考量，另一是人性因素。

首先，根據訓練服務業者卡尼斯科（Cognisco）的研究，溝通不良每年造成經濟損失三百七十億美元，相當於每人每年損失超過兩萬六千美元。[4]這個數據只調查員工超過百人的企業，試想，如果所有企業都算進來，損失金額會有多大。

反觀良好的溝通可以財源廣進。比較兩種企業領導人，一種善於溝通，另一種溝通能力乏善可陳，前者為公司帶來的報酬比後者高出近五〇％。[5]零售業龍頭百思買（Best Buy）曾經針對內部溝通做過深入調查，得出的重要結論是：公司透過加強溝通後，員工敬業度每增加一個百分點，單店營業收入每年就能提高十萬美元。

諾貝爾獎得主、著有《快思慢想》[6]的心理學家丹尼爾・康納曼（Daniel Kahneman）研究發現，大多數人寧可跟喜歡的商家做生意，也不想跟討厭的商家打交道。這個道理聽起來似乎很簡單，但其實另有一層含意：就算感覺有好感的商家產品品質比較低，價格比較高，顧客也寧願找他消費。

換個角度來看，美國消費性電子產品每年的退貨金額高達一百四十億美元左右，但其中八五%的產品並沒有故障，只是消費者開箱後不知道如何使用。有時是產品說明不佳（例如使用說明書寫得不清楚），有時則是「客服教育」不足，也就是銷售人員不知道怎麼跟顧客介紹產品。

如此一來，只因為大家對產品溝通得不夠清楚，一年等於平白損失了一百二十億美元。這其實還有後續的損失，許多顧客不知道怎麼使用產品，退貨後就不會再光顧同一家公司。如果溝通得清楚又明確，就能避免徒然浪費幾十億、幾百億美元。

溝通不良的相關研究很多，結論也令人憂心。前文提過，醫病關係溝通不當，可能會導致生命安全受到威脅，醫療金額也會受到影響。馬里蘭大學的研究人員發現，所謂的溝通無效，每年為美國醫院帶來一百二十億美元左右的額外成本。[7]這還只是保守估計而已，只計算醫護人員浪費的時間，但過半數的成本來自於資訊沒有及時或清楚溝通，導致病患在醫院多待了幾天。

溝通也會影響員工留任。不論企業大小，高離職率對公司是昂貴的成本，經理人都不樂見。假設有個員工時薪十美元，找到新人取代他的成本可能超過三千五百美元。[8]一般來說，要取代某個員工，成本是他年薪的兩成。換句話說，如果某個員工年薪三萬五千美元，找到人頂替要花費約七千美元。所以，因為溝通不良和不懂得讓員工有參與感而流失員工，不僅浪費金錢，也浪費時間。

如果溝通不良，也會影響初期的人員徵聘。許多人資聘用某人後，會發現對方其實不適任，但他們有花時間找出原因嗎？企業找錯人，有時可以追溯到面試的環節，問了什麼，又回答了什麼。如果說，換掉基本薪資勞工就得花幾千美元的成本，面試時的溝通難道不能用金錢來衡量？

舉例而言，召募主管常常犯一個錯誤，認為對方只要能言善道，就一定是很好的銷售人員。也就是說，只要這個人會講故事，就一定能打動客戶的心。但事實經常恰好相反，業績做得嚇嚇叫的銷售高手，往往懂得傾聽與回應。[9]能夠好好對話、有來有往，才是最終成交的人。

我們在職場上的溝通能力不但不牢靠，還很少派上用場。很多人都有這個毛病，明明走幾步路或打通電話就能跟同事講到話，卻寧可草草寫一封電子郵件溝通。研究指出，不管是面對面還是打電話，我們透過對話傳達的訊息比文字更精準。但我們對講電話卻避之唯恐不及，許多大企業甚至決定取消語音留言的服務。以摩根大通（JPMorgan Chase）為例，公司在二〇一五年決定讓員工自行選擇是否取消語音留言服務，結果獲得超過六五％的員工響應。[10]可口可樂在二〇一四年也有類似的措施，只有六％的員工選擇保留語音留言服務。

我們這麼依賴簡訊和電子郵件並不意外，打字很方便，又能保有控制權，在空間與情緒上跟對方保持距離。我們可以想回覆時再回覆，寄出前可以先編輯，還可以留存電子郵件，幾個月後遇到有人說我們沒有把備忘錄寄給ＩＴ部門，就能拿出來反駁對方。

置身二十一世紀的企業環境，大家會認為文字溝通比打電話更有效率，這是很自然的事，但麥肯錫全球研究院（McKinsey Global Institute）的研究卻得出相反的結論。[11]根據二〇一二年的研究顯示，如果能夠更謹慎、有意識的使用電子郵件，生產力會增加二五％到三〇％。（回信時按「全部回覆」，會浪費大家很多時間。）《創業家》雜誌（*Entrepreneur*）專欄作家羅斯·麥卡門（Ross McCammon）指出，打電話未必能加快工作速度，「重點是怎麼透過打電話提高工作品質。電話跟電子郵件不同，會讓人更懂得強調重點、表達更精準、態度更真誠。」[12]

用電子產品來溝通，不但入侵了職場，也影響我們的日常生活。有三分之一的家庭同意，使用科技產品是每天爭吵的源頭；另外有半數的美國青少年說，他們的生活離不開智慧型手機與平板。[13]著有《重新與人對話》（*Reclaiming Conversation*）的麻省理工學院教授雪莉·特克（Sherry Turkle）指出，年輕族群習慣戴耳機，原因跟成年人濫用電子郵件一樣：我們都害怕與人交談。特克稱之為「金髮女孩效應」（Goldilocks effect），我們希望跟別人打交道，卻又想保有控制權，不親不疏恰恰好。

所以，需要好好對話的第二個原因是基於人性。高中教師保羅・邦威爾（Paul Barnwell）固定為《大西洋月刊》（*Atlantic*）撰文評析教育，在二〇一四年寫了一篇名為〈我的學生不會對話〉（My Students Don't Know How to Have a Conversation）的文章。[14]「我們教導學生各種技能，但對話能力可能是最不受重視的一環。」他寫道：

> 學生每天花好幾個小時盯著螢幕，沉迷網路，或跟朋友聊天，很少有機會磨練人與人的溝通技巧。當然，青少年這個年紀本來就容易尷尬，神經比較敏感，對話起來不容易。但太過仰賴電子產品溝通，就更沒有心思與人對話。諷刺歸諷刺，但我們不禁要問：來到二十一世紀，有什麼技能會比維持有自信、又有頭有尾的對話更重要呢？

立場分化現象已成趨勢

不管是學校走廊、辦公室茶水間，還是家中餐桌，我們因為缺乏對話而逐漸吃到苦頭。從一些指標來看，美國自南北時期以來，從來沒有像現在這麼分化。[15]有人會問，**越戰或麥卡錫時期又怎麼說？**其實，我們在紅色恐慌時期比現在還擁有更多共識。基督教研究團體Q與麥克利蘭基金會（Maclellan Foundation）的一份研究指出，現在多數的美國民眾認為，大家只要意見不合，就會極力把對方妖魔化，很難凝聚共識。[16]但同一份研究又指出，大多數人都肯定多元的意見與觀點，認為這樣對社會有益。也就是說，我們理論上重視不同的意見，但現實生活中卻力有未逮。

不幸的是，這股趨勢並不是美國的專利，放眼全球各地，民眾立場分化的現象比比皆是。於是乎，英國脫歐公投闖關成功、法國極右派在總統大選時竄起、歐洲各地也都有極端主義組織興起。[17]專家在歐洲十六國都發現分化程度高漲的現象，連日本、紐西蘭與澳洲也是。[18]我認為其中一個原因是，大家不再對話了。即使面對面對談，也往往是各說各話。

二〇一六年，美國前總統歐巴馬受邀到霍華德大學（Howard University）畢業典禮致詞，席中對畢業生耳提面命，不應執著於某個意識形態。「走在人生這條路，如果你以為堅守立場才是王道，」他說：「那你會自我感覺良好，享有某種程度的道德純正，卻沒有辦法達到人生目標。所以請不要把其他人排擠在外，就算意見再怎麼不同，也不要讓他們閉嘴不說話。」

然而現實生活中，我們無時無刻都把其他人排擠在外；即使與其他人打交道，通常也只會找同溫層的人。

少了討論與妥協，家庭、工作，乃至於政府遇到了問題，恐怕都不容易解決。也就是說，如果我們想要「達到人生目標」，也想在人類演化史往前邁進，就必須重拾讓我們身而為人的工具。科技雖然必要，但效果終究有限，對話卻能讓我們走到目標。

2 溝通不等於對話

溝通最怕的是，自以為有溝也有通。我們說得太多，傾聽得太少。

——威廉・懷特（William Whyte），社會學家

幾年前，我兒子上學很痛苦。他被同學霸凌，每天早上害怕上學，變得不肯參與課堂活動，連功課也不寫了。老師寫信給我，說他的成績愈來愈糟。

接下來幾週，我和老師通了好幾封信，我知道她是為我兒子好，也相信她多少能體諒我當母親求好心切的心情，但我們就是磁場不對。她叫不動我兒子寫作業，可能也以為我在幫他找藉口。而我一心覺得，我需要她幫助我兒子度過難關，她卻看不到事情的真相。於是乎，我兒子這段期間在學校過得很辛苦。

最後，我打電話給校長，要求跟他及這位老師見面。我承認，把她的大老闆扯進來只會火上加油，或許不是最好的解決方法。會議一開始氣氛就很僵，沒多久就吵了起來。我知道，如果想要幫兒子，就必須打動這位老師的心。

於是我刻意把身體轉向她，不把視線集中在校長身上。我伸出手，碰了一下她放在桌上的左手，說：「我有時候比較難溝通，很對不起。我很擔心我的兒子，他這輩子只有一次四年級。如果我剛才說話太衝，我很抱歉，我只是希望他這一年在學校過得很快樂，實在不忍心看他這麼難過。」

這時，她的臉色緩和了下來，原本緊緊抿著嘴的線條也消失了。如果是透過電子郵件，絕對看不到這樣的變化。她說：「瑟列斯特，請不必擔心，我是站在孩子這一邊的，會為他加油打氣。我會盡全力幫助他。他是很棒的小孩，我真的很喜歡他。」

從那一刻起，這位老師變成我兒子的最佳啦啦隊。我跟其他家長一樣，這幾年跟小孩的老師談過好幾次，就屬那一次的印象最深刻，因為效果太戲劇化了。我們已經私下寫信溝通了好幾個星期，卻一直找不到交集。

她當時心中在想什麼？我不知道，我能確定的是，我之前只把她看成是兒子的老師而已，沒有想過她是一個年輕的女老師，每天忙著搞定一班小鬼頭，工作時間長達十六個小時。以前的我，從來不會把她看成是滿腹熱血的老師，她要賺錢來付清攻讀教育學位的貸款，教小朋友的薪資卻不高，而我只覺得她在阻礙我兒子的進步。

區區一次對話，就讓我們兩個更了解彼此。

科技產品有害溝通

過去十年來，科技產品的使用量出現爆發性成長。二〇〇〇年，每個月的簡訊發送量約一百四十億則，二〇一〇年達一千八百八十億則，到了二〇一四年，又增加到五千六百一十億則。短短十四年，簡訊數量成長了五千四百七十億則，幅度令人咋舌。電子郵件也是同樣的情況，二〇一一年，每個月的郵件發送量約一千零五十億封，二〇二〇年預計高達兩千四百六十九億封。[1]

可別以為這是先進國家才有的問題。數據顯示，爆量使用科技產品的現象全球皆然，不分已開發國家或開發中國家。皮尤研究中心（Pew Research Center）二〇一二年調查二十一個國家後發現，七五%的手機人口都拿手機傳送簡訊。[2]肯亞與印尼這兩個相對貧窮的國家，也在簡訊使用最氾濫的國家中榜上有名。我們過度仰賴科技，溝通方式也跟著轉變。

這對我們的對話能力有何影響？老實說，我們還沒有完整的答案。以簡訊的影響來說，相關的研究日新月異。此外，相關性並不代表有因果關係。雖然可以察覺到智慧型手機革命以來出現社會行為的轉變，卻很難證明哪個是原因、哪個是結果。

儘管如此，有明顯的跡象顯示，隨著科技產品、社群媒體與簡訊成為顯學，有效溝通的幾個關鍵因素愈來愈薄弱。

其中一個便是同理心。二〇一〇年，密西根大學的研究團隊彙整七十二份長達三十幾年的調查報告，結果發現，大學生的同理心程度下滑四〇%，跌幅大部分發生在二〇〇〇年以後。[3]「在網路上輕易就能交到『朋友』，因此不想理會其他人的問題時，也更容易置之不理。」研究報告的一位作者指出：「這樣的行為可能延續到現實生活。」

這個發展很令人憂心。簡單來說，同理心是能對別人感同身受，知道對方的情緒狀態，想像對方的體驗。不只是知道同事在難過而已，而是想像他的遭遇與感受，易地而處。

為了感受到同理心，我們必須與對方建立交集，必須自問：「如果事情發生在我身上，我能接受嗎？」「如果有人撞壞我家信箱，我作何感想？」例如，我可能就要自問：「每天要管二十四個四年級學生，是什麼感覺？」

同理心是實質溝通的重要因素

同理心是人類的關鍵能力，就連六個月大的小嬰兒也會表現出同理心。社會學家皮納・巴圖爾（Pinar Batur）、喬・費金（Joe Feagin）與赫南・維拉（Hernán Vera）在《白人種族歧視》（*White Racism*）中指出：「同理心是人類社交生活的重要一環，讓我們知道小孩哭是不舒服或肚子餓，高興會微笑，痛苦會哀嘆，讓我們能夠聚在一起，彼此溝通。」[4]

說同理心是實質溝通的重要因素，相信沒有人會反對，但現代人溝通的方式已經大不如前，不容易建立起同理心。最近有一項社群媒體使用行為的研究指出，近半數的網路友誼屬於「非互惠型」。[5]也就是說，我們自以為是「朋友」的人，有一半並不把我們當朋友。有個受測者提供一份緊急聯絡人名單，但研究人員聯絡這些人時，只有半數表示願意幫忙。

有些專家說，人性天生樂觀，所以我們會以為有些人際關係比實際的人際關係更深刻。另外有些專家則認為，我們對人際關係的心態變得很功利，因為大量累積「朋友」成為我們的社交目標，甚至是工作需求。朋友的英文 friend，現在已經變成動詞，我們也會說有些人是我們的「推特朋友」，換句話說，我們每次只能透過一百四十個字元（推特的英文字數限制）來認識這些人。

任教於瓦瑟學院（Vassar College）英文系的羅納德．夏波（Ronald Sharp）教授，與畢生的談心對象伊朵拉．韋帝（Eudora Welty）合著有《諾頓友誼學》

（*The Norton Book of Friendship*），他在二〇一六年接受《紐約時報》訪談時，也提到友誼的定義已經不可同日而語。「把朋友當成是一種投資或商品，等於是犯了友誼的大忌，」夏波說：「重點不是對方能幫你做什麼，而是對方是誰，你們兩個人又會如何相處。兩人花時間相處，而且什麼事也不做，某種程度已經成為失傳的藝術了。大家變得汲汲營營，只想靠傳個簡訊、發個推特，把人際關係的效率最大化，卻忘了友誼的真諦。」[6]

正如夏波所說，人與人之間要建立實質的交集，必須花時間經營。對話，是人類獨有的能力，內容錯綜複雜，有時雜亂無章。正因為如此，好的對話還有一個重要的因素，那就是專注。

電腦在千分之一秒就能傳遞訊息，人類沒辦法、也不應該追求這樣的效率。在對話的過程中，很多時候是離了題，或是隨便一句話就透露出這個人的真性情。朋友跟你說到雜貨店買東西的事，內容很普通，可能花了五分鐘才說完，但正是說話時有停頓、有微笑，偶爾還大笑出聲，讓整個內容更難忘。如果你沒辦法專心聽這麼久，就注意不到這些小地方了。

現在有很多人確實都看不見細節，因為一般人的注意力只有八秒左右，跟金魚差不多。[7]即使是工作，我們一次做一件事的專注力也在降低。又是電子郵件、又是電話、又是簡訊、社群網站，每工作三分鐘就會被打斷。

手機放旁邊就會影響對話品質

網路可能是專注力降低的元兇之一，智慧型手機與平板裝置興起後，網路更是無所不在，導致我們的專注力退化得更嚴重。事實上，根據研究顯示，光是把這些科技產品擺在一旁，就足以影響面對面的人際溝通。

英國研究人員曾經安排陌生人兩兩坐在室內，請他們聊天，其中一組的房間裡，兩人附近的桌上放了一支手機，另一組房間則沒有手機。對話結束後，研究人員問受測者對對方有何看法，結果發現：有手機房間的受測者對於兩人關係的評價，比無手機房間的受測者做出的評價還低，有手機房間的受測者「還認為信任感較低，覺得對方比較沒有同理心」。[8]

研究人員的結論是：即使只是手機擺在一旁，也會影響對話的品質，以及雙方交集的程度。沒想到，光是把手機放在桌上，就有這麼大的影響！

回想一下，跟朋友或同事吃午餐時，你是否也常常隨手把手機放在桌上？你克制著不拿手機起來看，自以為很貼心，但其實，這樣還是讓你跟對方的交集打了折扣。

就算把手機放在口袋裡，專心聽對方說話超過八秒鐘，發揮同理心跟對方搏感情，科技產品還會造成另一個問題：我們連對話都沒有意願了。

根據皮尤研究中心二〇一四年的研究顯示，受測者如果發現自己的意見並非社群媒體的主流，會比較不願意當面分享。[9]會有這樣的發展實在諷刺，畢竟，社群媒體剛開始冒出時，各界還廣泛認為這樣的平台有包容性，讓不同的見解能找到舞台。然而實際上，大家卻害怕在網路上被打臉，結果平白放棄了精采對話的機會。

簡訊文字很難傳達情感

請大家別誤會了，我不是反對科技產品，平板啦、手機、筆電、電子書閱讀器，這些我都有。我還有一個三星的智慧型手錶，對著手腕就能跟兒子講話或寫信給他，彷彿是科幻片的警探迪克崔西（Dick Tracy）一樣。見他沒有馬上回覆，我就會手指滑一滑，再寄一次到他的手機或平板。

科技產品讓我們能夠溝通無界線，這是件好事，而且快快傳個電子郵件或簡訊，也不像開口說話一樣麻煩又有風險。但是，麻煩往往才是最棒的一點。年輕小伙子表達愛意支支吾吾，小女生講著第一天上課的情況，高興得上氣不接下氣，不都是因為對話很複雜嗎？螢幕的文字呈現不出這些細微之處。把想法打成文字，再仔細編輯一番，雖然讓我們覺得握有一點掌控權，可惜的是，往往因此錯失溝通時最重要的一個部分，那就是訊息背後的情感。

寫這本書時，我用記事本（很老派吧！）記錄下每天幾次面對面交談的情況。我本來猜每天會有三到四次的實質對話，怎知用心記錄下來才發現，我大多數時候只有一、兩次實質對話，有時甚至沒有。我錯估了次數，可能是因為我整天都在跟人溝通，卻很少真正的對話。

我不是科學家，但透過科學方法記錄下來，可以發現我的人際關係與對話已經被科技產品所影響。這個生活小實驗人人都可以做，記下我們與人當面對話了幾次，又傳了幾次簡訊或電子郵件。此外，不管是在雜貨店排隊跟人聊天，或跟親友吃午餐，我們也可以多一點自覺，體察自己擁有同理心與建立實質交集的能力。

不用說，與其吸收理論，不如實際做看看，這樣更能了解自己。因此，請各位看完這本書後，務必跟其他人好好對話。光說不練，是學不會騎腳踏車的。騎車是一種主動的技能，需要練習，對話也是如此，用想的絕對不夠。

3 對話卡卡，你也有責任

我們從小被教育怪爸爸、怪姊妹、怪兄弟、怪學校、怪老師，就是不怪自己。就算失敗了，也絕對不是你的錯，但其實錯永遠在你。想要改變事情，要先改變的人就是自己。

——凱薩琳・赫本（Katharine Hepburn），美國女演員

常有人跟我打招呼說聽過我的演講，或是看過我的TED演講影片。如果他們有問題想問我，十之八九都是問怎麼應付對話能力很差的人。「對方講個不停，怎麼辦？」「要是他真的很無聊，把講過的事一直拿出來聊呢？」「如果講不到幾句話就不知道要聊什麼了，那該怎麼辦？」

我卻很少聽到有人這麼問：「我習慣在講話時打斷別人，要怎麼改善？」「其他人講話時，我感覺很無聊，該怎麼辦？」對話搞砸了，我們往往覺得是對方的錯。第一次約會的氣氛很尷尬？是對方不會聊天！晚餐跟舅舅吵起來？誰叫他不懂裝懂，態度那麼嗆！

大多數人都覺得自己很會說話，即便是正在讀這本書的各位，雖然知道對話能力有改善空間，還是認為自己的能力還算中上。我能了解這樣的想法，因為我以前也這麼覺得。經過幾次悽慘的經驗後，我才接受事實，原來我在這方面還有待學習。

有個慘痛的教訓發生在工作場合。我那時安排要跟主管開會，準備談一件讓我忍無可忍的事。我打算跟主管說，有個同事的行為太誇張，本來只是討人厭而已，現在已經變成情緒霸凌了。我也知道，討論這個問題並不容易。如果是被人偷、被人打、被人罵是一回事，但如果討論的是細微的行為舉止（所謂的「微歧視」（microaggression）），就有難度了。

我事前還特別準備，看了幾篇怎麼在職場討論棘手議題的文章，甚至還跟我的先生沙盤推演。

「他會說，對方其實沒有惡意，」我先生說：「那你怎麼回應？」

「我會說，這不是單一事件，對方有這樣的行為已經很久了，」我回說。

「他會說，對方只是在開玩笑。」

「我會說，對方持續開這種不雅的玩笑，讓人完全笑不出來，你不能叫我別小題大作就當沒事了。」

不用說，我走進老闆辦公室時，自然覺得做足了功課，緊張之餘，還是有幾分自信。我能準備的都準備了，有小抄，有具體的例子，應該沒有問題。

但我錯了。

我坐定位，發現兩隻手在冒汗，我明明是在健身房也不會流手汗的人啊。我照事前演練的說法向老闆說明，可是他的反應卻出乎我的預料。我當下亂了分寸，正勉強擠出一個答覆時，他又開始問我的心情：是不是累了？壓力很大嗎？是不是忙得喘不過氣？

我頓時愣住了。對，我覺得有壓力；對，我睡得不好。我不斷想著心中打好的草稿，想找話題轉回事前仔細準備的方向，但完全沒有用。老闆已經成功轉移焦點，討論起我的心情和工作習慣，我只有接招的份。討論完之後，我約了一名教練見面，跟他學習因應工作壓力的方法。而我的主管並不打算找那個問題同事聊聊。

我的問題沒有解決，主管沒有聽進去我的話，我也沒有聽進去他的話，因為我一心只想轉回原本設定好的對話方向。我不但沒有達到目的，這場對話到最後反而使問題愈來愈嚴重，我更難受，壓力更大，而且無計可施了，因為我不想再去找主管解決。

事發幾個月後，我離職了。背後當然有其他因素，但那場對話沒有解決問題，反而讓問題更惡化，絕對是主要的原因。

我對那場失敗的溝通耿耿於懷，因為我搞砸了一場原本勝券在握的對話。我做好萬全準備，有具體的目標，加上我是靠說話吃飯的人，客觀來看比大多數人都還要懂得交談。那時的我已經當了十二年的電台記者與主播，拜師過幾個業界頂尖的訪談教練，參加過著名的社團團體，也讀過不下數十本相關書籍。我甚至還訪問過專家，跟研究人類對話多年的專家聊過。照道理，我應該比大多數人更善於溝通，但結果並非如此。

那一天讓我醍醐灌頂。從事新聞業這麼多年，我看過報導說有些人真的不懂得怎麼交談，卻沒想過自己就是其中之一。我參加過很多工作坊，聽人分享說有些記者在訪談中不知道掌握方向，被受訪者牽著鼻子走，我聽了還會得意的笑笑。殊不知，被牽著鼻子走的人，往往不知道什麼時候被牽，可能事後才會意識到這個狀況，但已經來不及了。

愈聰明，愈不懂得溝通

很多人認為好的對話要靠天時地利人和，其實不然。一般人從兩、三歲起就懂得把字湊成句，開始說話。問題是，接下來的幾十年一直練習錯誤的說話方式，等於從小到大都在重蹈覆轍。

然而，自知有這個問題的人很少，而且我們往往高估自己的對話能力，在職場、在學校、在家裡都是如此。數據會說話，有眾多研究顯示，我們為自己的對話能力打的分數其實都不準確。康乃爾大學社會心理學教授大衛・鄧寧（David Dunning）指出，要大多數人「理解自己不懂的概念，先天上就有難度。」經過十幾年的研究後，鄧寧得出的結論是：「一般人往往高估自己在許多社交面與知識面的能力。」[1]

還有研究顯示，聰明的人經常是最不懂得溝通的一群人。而且愈聰明，問題可能愈嚴重。我自認還算聰明，但絕對稱不上聰明過人，我每天訪談的來賓有天體物理學家、神經科學專家、得過普立茲獎的小說家，這讓我很清楚自己不是頂尖聰明的人。我也是所謂的「文創人」，是職業歌劇家，拿了好幾個音樂學位。因為聰明又從事文創，我一直覺得自己比大多數人都懂得如何溝通。更具體來說，我覺得因為自己的表達能力好，所以就**善於對話**。但這樣的觀念錯得離譜。能言善道不代表很會傾聽，而且可能因為聰明，反而更不懂得傾聽。

教育程度高的人還常常只強調理性邏輯，貶低了情感的重要性。當然，光是動之以情沒辦法贏得辯論，但對話不是辯論，人類本來就是不理性的動物，很重視情感。對話不考慮情感面，等於許多深層含意都被抽離了。

比方說，我們有時候會以事實來回應情緒。聽朋友說可能會離婚，我們安慰他說：「別難過啦，反正現在差不多每兩對就有一對離婚。」或者說：「不要擔心。有個心理學家說，小孩在離婚家庭中長大，以後更有機會建立長長久久的關係。」[2]這兩句話講的都是事實，卻完全安慰不了對方，他此刻最需要的是你發自內心的支持。對話，不是大學課程，也不是TED演講。聽到別人心碎時，再怎麼覺得彆扭，一味想說之以理，往往不是正確的回應。

對正在難過的人，我們有幾個習慣性的固定說法。「天涯何處無芳草」雖然說得沒錯，但恐怕無法安慰剛被甩的人。「反正那份工作不適合你」「整間餐廳的人都在看你了」，還是「哭沒有用」，可能也都沒有效果。以理性處理情緒，注定會失敗。理智的目的是要避免情緒化，但情緒不是缺點，也不是沒有用。人類是社交的動物，情感有它的用處，也很重要。好的對話需要雙方發揮IQ與EQ。

小心掉進思考陷阱

再說，理性也不如我們所想的萬無一失。我們經常會犯理性思維的錯誤，跟人交談的時候尤其如此，因為我們這時常常會訴諸康納曼所謂的「系統一」（System 1）思考。系統一代表反射性的直覺思考，取決在累積多年經驗後建立起的思維模式。

比方說經過地鐵站外，看到有個又髒又臭的人坐在地上，系統一會說他是遊民。又或者你傳簡訊給另一半，說工作太多，還要幾個小時才能回家，結果對方只回了一兩個字。系統一會說，另一半在生氣了。

「系統一」思考未必都是錯的，它有個重要的目的，就是幫我們簡化決定過程，我們就不必浪費時間想太多。這樣能夠化混亂為平靜，降低大腦需要篩選的數據量。但系統一也容易受騙，因為它建立在既定假設上。系統一同時很情緒化，決策時訴諸刻板印象，即使我們自覺理性，卻常常有非理性的表現。

康納曼為了說明這點，問了哈佛、麻省理工學院與普林斯頓大學的學生這個數學題：

一支球棒和一顆棒球要一．一〇美元。

球棒比棒球多一美元，

請問棒球要多少錢？

結果這些菁英學校的高材生有超過半數答錯。正確答案是五美分，因為球棒比棒球多一美元，所以五美分加一美元是一．〇五美元，球棒加棒球就是一．一〇美元。

康納曼和研究同仁另外提出一個問題：湖中有一大片荷葉，荷葉總面積每天增加一倍，布滿整座湖要四十八天，請問荷葉蓋住一半的湖泊要花幾天？

正確答案是四十七天，因為荷葉總面積每天都增加一倍，如果蓋滿整座湖要四十八天，則前一天會蓋住一半湖泊。不過，多數受測學生看到「增加一倍」，直接就四十八除以二。因為我們從過去學到的數學規律得知，乘以二的相反就是除以二。

康納曼認為，大多數學生會答錯，是因為用系統一思考。康納曼是心理學家，不是數學家，他要研究的是聰明人為什麼會掉進思考陷阱，而不是為什麼數學題會算錯。大多數人在思考時會走捷徑，設法找到問題的答案。即使自己覺得在分析，卻常常被心中的既定認知和思考捷徑拖累，得出錯誤答案，不但解數學題如此，人際關係也是這樣。

康納曼的研究顯示，聰明人誤以為自己不會有偏見，或者偏見程度比其他人低。此外，如果以為腦筋好就不會有錯誤的假設，反而可能更容易患這個毛病。這個道理當然也適用於對話。我們在對話時，有時候沒有邏輯，既定認知也常常是錯的。

智商也是良性對話的絆腳石，因為聰明人可能不願意求助。他們照理要比一般人更有腦筋、更會表達，如果講話的對象是員工、小孩、學生，或者是他們覺得智商或教育程度不如他們的人，就不太可能會承認自己不懂。畢竟他們覺得對話本來就該天時地利人和，就連兩個小小孩磁場對了，彼此也能聊起來。承認自己聽不懂對方想表達的重點，可能會覺得是在示弱，承認自己不如想像中的聰明。

思考自己的責任

建議大家思考一下，自己對對話有什麼貢獻。我們自以為很會溝通，但常常是自我感覺良好。下次又遇到對話出問題時，不妨請對方給你意見，讓他知道對話的結果不如你預期，是不是有些話可以換個表達方式，或是你放錯重點了，還是你沒抓住他的重點。接著就是傾聽。聽對方怎麼說，而且不要覺得被冒犯。不妨先從兄弟姊妹或好友等熟識的人開始。聽別人給你建設性的批評從來就不好受，但如果你的目標是改善對話能力，就有必要聽實話，看哪個地方最需要加強。

一旦我認清對話出問題至少有一半是我的責任時，才開始發現我錯在哪個環節。我在廣播電臺裡訪問來賓，事後再聽一次，找出自己犯了哪些錯誤，又錯過哪些機會。果然，隨著我的對話技巧改善了，我發現自己私下與工作的對話也愈來愈順暢。我更懂得傾聽，害羞的受訪者就樂於發表意見；我更懂得聚焦，愛講話的來賓就不會天馬行空講不停。

對話好比人生，我們沒辦法控制別人做什麼說什麼，卻可以掌握自己。有時，這樣就足夠了。

跟我聊天很愉快嗎？

小說家薩爾曼．魯西迪（Salman Rushdie）是我最喜歡的節目來賓之一，我工作快二十年，他是我訪談最多次的人。對他的印象這麼好，是因為他真的把我的問題聽進去，然後好好回答，有時甚至還會想一下才開口。這樣的來賓很難得，尤其是在這一行，許多人都是事先準備好「話題」的。

我最近一次訪問他，聊到書評很少提到他的著作很風趣。「裡頭有很多笑話，」我說：「而且是大刺刺的笑話，不曉得你創作時是不是會想說還是刪掉好了，畢竟你是純文學創作人。」他回說：「是不是純文學我不曉得，但我喜歡看好笑的書，以讀者的角度發表意見。就算是文壇巨著，要是完全沒有幽默感，我也會讀得有點痛苦。我說的不是別人，就是喬治·艾略特（George Eliot）。」我們兩個人哈哈大笑，我說：「我喜歡他的書，就是節奏太拖了。」魯西迪回說：「是啊，《米德鎮的春天》（*Middlemarch*）很冷。」一個得過布克獎的小說家說喬治·艾略特的作品「很冷」，實在太幽默了，教人怎能不喜歡他？

我開始加強對話技巧時，會問自己幾個問題：我是不是跟魯西迪一樣，讓人覺得跟我聊天很愉快？我是否聽完對方的心聲再回應，還是只是在等對方喘口氣，找機會說出已經想好、自以為高明的話。訪問魯西迪第三次之後，我開始記錄自己先仔細傾聽再回答的次數。結果發現，我過去並沒有把他的話聽進去，所以我們之間並沒有真正的對話，我過去只是在問事前已經擬好的問題，完全不管他怎麼回答。

對話能力有不足之處，我們容易睜一隻眼閉一隻眼，常常說那是例外，為自己找藉口，有時甚至自圓其說，把弱點包裝成優點。比方說，工作忙了一整天後，你實在不想再和鄰居閒聊，所以你避免跟他眼神接觸，卻說服自己是在尊重他人隱私。又或者你不想在辦公室跟同事有互動，於是騙自己說，你這是不想打擾其他人工作，或是你很認真工作，不想浪費時間。但其實，你可能根本不在乎隔壁同事週末做了什麼。

我們很厲害，不管想不想做事幾乎都能找到藉口。任職於模式研究公司（Pattern Research Inc.）的管理與溝通顧問派特．韋格娜（Pat Wagner）把這些理由稱為「良性缺陷」。然而，換成是別人犯了這種錯誤，我們則很少會放過他們。我們在電梯不跟鄰居對話，覺得沒關係，卻對同事有微詞：「她對人冷冰冰的！每次在大廳遇到她，她都不打招呼的。」韋格娜指出，我們常常不知道自己的社交技巧很差，而且還會影響到其他人。我們不知道或不在乎自己習慣性的打斷別人，反而造成別人不願意在會議上發表意見；或是因為我們經常遺忘細節，而造成對方的焦躁。

為了克服這個寬以待己、嚴以律人的問題，我根據在韋格娜的工作坊學到的技巧，做一個練習。我列出討厭別人在對話中犯的毛病，像是：重複說過的話；天花亂墜講不停；打斷我的話……。我把這些毛病全部寫下來，再請朋友和同事幫忙，問他們覺得我是不是常常有這些毛病，還是偶一為之。

我會跟對方強調，希望他們能坦誠回答，因為我的練習目的是想要改進對話技巧，保證不會因為他們的回答生氣。這麼做很恐怖，卻讓我收穫非常多。

傳統的對話技巧不見得有用

對話的眉角何其多，沒辦法全部都知道；而且每場對話都有自己的挑戰與好處。正如作家約書亞・巫博甘（Joshua Uebergang）所言：「溝通技巧不是資訊。」沒辦法把它當成元素週期表來背，背好了就精通了。無奈大部分人卻是這麼認為。

想知道怎麼加強對話技巧，常常可以找到一些可以廣泛適用在各個場合的訣竅。大家可能也很熟悉幾個老生常談的做法了，例如：維持眼神接觸；事先準備好有意思的話題；重複對方說的話；微笑點頭，表示專心在聽；有時還要一聲「嗯哼」和「對」，附和對方。

我的建議是：這些通通不要做！這些技巧不管是哪個專家推薦的，通常沒有效果。而**我的**建議又為什麼值得參考呢？因為我每天主持廣播節目，那裡就好比是對話的實驗室，而我就好像是化學家，對硝酸銀、丙酮、氯等等不同成分進行實驗，每星期面對面訪談幾十位來賓，實驗各種不同類型的對話。大多數的來賓跟我素昧平生，來自全球各地，各行各業都有。有參議員和電影明星，也有木匠和卡車司機；有富豪，也有幼稚園老師。有些人熱情，有些人冷漠。想要測試對話技巧，錄音室是最完美不過的地方了。

聽專家建議點頭附和，表示專心在聽，我可以拿到錄音室裡實驗，在幾十個來賓面前點點頭，附和說「嗯哼」，記下對方的反應。結果有用嗎？並沒有。

我的發現是，有意識的點頭並未發自內心，對方也會覺得你不真誠。自然而不自覺的點頭，對方反而會正面回應。

如果我心裡刻意盤算著要點頭表示專心，往往得不到對方的熱烈回應。原因可能是，心裡只想著點頭，假裝投入對話，反而讓我沒辦法專心傾聽對方說的話。我最近做了一段新聞訪談，過程中特別用到點頭技巧，事後再看影片，我看起來就像秀逗一樣。技巧性的點頭要看起來真誠，恐怕只有實力派演員辦得到，換成我們一般人這麼做，只會看起來像點頭公仔罷了。

「維持眼神接觸」的做法也沒有用，甚至更糟糕。我有次面試時用了這招，結果人資專員問我是不是喝太多咖啡，語氣不帶一點諷刺意味。「你感覺很激動，」她尷尬的笑著說。這顯然不是我預期的效果。

每一種對話技巧的建議，我幾乎都試過了。後來發現大多數不是假假的，就是不實際。我不得不質疑，良好溝通莫非與我所想的不同，或許我這輩子學到的觀念是錯的，或許我熟背精通的技巧不如想像的有用。我必須把多年的訓練打掉重練，從零開始。我必須對自己坦誠：對於對話這一門學問，我可能太自我感覺良好了。

4 為對話打好基礎

懂得務實預期，就絕對不會失望。

——泰若．歐文斯（Terrel Owens），前美式足球球星

我曾經在底特律的WDET電台主持過一個節目，叫做《入座第一排》（*Front Row Center*），每週播出一次，內容聚焦在底特律的藝術與文化，我談的「文化」不只是聊博物館和劇院而已，還會討論各類書籍，像是徒步南極洲、交通號誌的歷史、郊區開發的危險、汽車設計新構想等等，內容包羅萬象。

有次我找來幾位來賓，希望探討環保行動與種族的議題。有色人種占了美國人口約四成，在環保組織員工的組成中卻只占一二到一五%，[1]我想了解原

因，於是邀請三位來賓上節目，一位是建商執行長（白人男性），一位是環保團體的會長（白人女性），還有一位是社區組織的女性負責人，我希望借重她黑人的身分，談談如何網羅更多有色人種參與。

訪談時間約二十分鐘左右，我先對建商執行長問了有關種族多元化的問題，他旗下又有多少黑人員工。接著我請環保人士回答相關問題，問她的環保組織是否也是類似數字。她正在回答的時候，只見第三位來賓把耳麥拔下，摔在桌上，氣沖沖的衝出錄音室。全程雖然沒有聽到她哼一聲，動作卻很明顯，要讓大家知道她的不悅。

那次訪談不是現場播出，所以我有兩個選擇，可以失陪一下，出去問她為什麼生氣，也可以不管她，繼續訪談。我那時選擇了後者。

她後來寫了一封信給我的老闆，說我有種族歧視，不讓她發言。我老闆回覆說，訪談才進行一分鐘半，她就已經奪門而出。而且我就是混血裔，對黑人應該不會有偏見。她雖然沒必要亂貼標籤，但我也難辭其咎，畢竟我在主持一場討論少數族裔就業的訪談，現場唯一的有色人種（除了我之外）卻覺得我有敵意，沒有受到尊重。

那件事到現在還困擾著我，我忍不住會想，一個大好機會就這麼錯過了。或許，我應該先問她問題，但這樣就無法先帶出問題的嚴重性。也或許，我應該追出去找她溝通的。我後來再也沒有見過她，只能徒留遺憾。

對話不如預期，難免會生氣難過

我在工作場合做過成千上萬次訪談，有過無數次對話，大多數不會有人奪門而出，罵我有種族歧視，不過國會議員巴尼．法蘭克（Barney Frank）倒是掛過我幾次電話，但我最記得的還是失敗的訪談。大部分人不都是這樣嗎？就像狗死命啃著骨頭一樣，我們捨不得放下那些失敗的對話，想著彼此說了什麼，懊悔自己本來可以採取不同的做法。

一直到幾年後，我才想通那次訪談觸礁的原因。有個大學教授上我的節目，卻因為訪談時間太短而發脾氣。他做足準備，以為有十五分鐘的訪談時間，但我們只講了五分鐘就收尾，讓他氣得跳腳。有個節目製作人一笑置之，覺得這種小事有什麼好氣的。「他難道不懂新聞業就是這樣嗎？」製作人問。

我試著從這名教授的角度來看整件事。他應該是花了幾天的時間準備，寫了筆記，驗證過資料。他可能還跟另一半練習過，早上還可能早起，特別打扮過，再看過一遍資料。他在腦海中排練訪談過程中該如何回答，沒料到訪談這麼快就結束，事前準備的重點沒時間全部講完。

他會生氣，是因為他有具體的期望，結果卻不如預期。幾年前的那個女性來賓會生氣，或許也是出於這個原因。她事前期待跟大家討論，對訪談有高度期望，但發現訪談方向不如她事前所想，心立刻涼了一半。

人的期望落空，難免會生氣難過。我起初覺得，有這個問題我也無能為力，畢竟，我沒辦法叫人不要有期望，也沒辦法知道對方有什麼期望。就算知道，我在直播的廣播節目也無法有求必應。

先溝通對話的目標與期望

直到某天早上，有個年輕的女性來賓來到我的錄音室，準備第一次接受直播訪談。她在麥克風前坐下，雙手反覆搓著大腿，不斷打開水瓶喝水。

「妳是不是有點緊張？」我問。

「是很緊張……」她說。

「不必緊張。妳等一下看著我就好，不要想著前面有麥克風，把訪談當成是朋友在聊天。」

「可以麻煩妳說一下整個情況嗎？讓我知道訪談流程的每個步驟，我有個概念後就會放鬆一點。」

就是這樣！先有個概念後，她就會覺得更自在，更有安全感。我不必改變她的期望，她從我身上得到想知道的資訊，自然就會調整。我告訴她我的期望，她調整自己的期望，最後訪談賓主盡歡。

不妨想想你最喜歡的醫師為什麼會讓你覺得很放心？很有可能是他態度從

容，會跟你說明情況（「我們要先照X光，看看是不是骨折了」），問你會不會痛（「可能會有點痛」），再說明後續步驟是什麼（如果不是骨折，就可能是肌肉拉傷，需要包紮一下。」）

身為記者的我，在那次經驗中學到非常寶貴的一課，也就是：誠實說明你的目標與期望。請來賓坐下來後，我會說：「我會先簡短做個節目開場白，再介紹你。訪談大概有十二分鐘，時間會過得很快，所以回答時請盡量言簡意賅。如果看到我在點頭或舉手，就表示時間快到了，這時麻煩你準備做結尾。」短短幾句話，就有天差地別的改變，來賓原本只是窮緊張，搞不清楚狀況，但聽了之後心情稍微放鬆，覺得照著流程走就沒問題。

即使是日常生活，我也覺得這個技巧有如基本功，做得好便能促進良好的對話。以最近發生的一件事為例，我必須訓誡一名員工，我一開始就點出開會的目的。我說：「請你過來，是我決定要正式懲處你，但只是懲處而已，你不必擔心會被開除。首先，我想讓你知道，我和公司都很看重你，希望能協助你在工作上更進步，所以要提醒你在幾個問題上還有改善空間。」幾個月後，他不但做了必要的改變，甚至還爭取到加薪。

要管教兒子時，我盡量不繞一大圈鋪陳，或是話中帶刺的問：「我早上叫你要做什麼？」我只會說：「我很生氣，因為你又忘記倒垃圾了。請你等一下出門前記得倒。」他果然是全天下最乖的小孩，當下就起來倒垃圾，保證沒有下次。各位沒看錯，就是這麼有效。

當然，自己要先知道有什麼期望，才有辦法向對方說明。也正因為如此，這個技巧才會這麼受用，你不得不事先思考對話的目標，向對方明白說出你的期望。跟朋友聊心事時，你是單純只想找人訴苦，還是想要他給意見？先讓對方知道你的用意，這樣他就不會一股腦想幫你解決問題。另一半有件事讓你覺得很煩，你只是想表達自己的不悅，還是想要跟對方討論怎麼不會再犯？

花點時間先想想自己的期望，跟對方分享，有助於提高對話的效果。這就好比帶著購物清單上雜貨店，不必繞來繞去，想到什麼買什麼，反而更有機會買到想要的東西，心滿意足的離開。

打造開放真誠的溝通環境

要為良好的對話打好基礎，說出期望是最簡單的方式之一，但還有其他方法可用，也有助於打造出正面的氣氛。其中一個做法是，討論重大議題之前，先想想你有何感受。

我上一章批評過肢體語言的技巧，認為對話時不應該刻意點頭或維持眼神接觸等等。那些以肢體語言技巧來加強溝通的建議，我大都覺得沒有用，而且會產生反效果；但反過來說，我們的真實感受常會不自覺流露在手勢和語調中。比方說，如果我嘴裡聊愛情，但心裡想的卻是令人作嘔的事，對方會注意到我的厭惡（有時是下意識注意到），而不是喜歡。

同樣的道理，如果覺得焦躁、分心、生氣，或單純只是壓力大，聲調和表情都會跟著改變。老實說，這是我的致命傷，我每次想到什麼，情緒就會立刻寫在臉上，所以我最不會說謊了，打牌打得很爛。各位可能覺得這不會影響我的廣播工作，反正聽眾看不到我，但受訪的來賓還是看得到，我的想法一目了然。

我們對每一場對話事先都有期望，再短的對話也不例外，開口前都有各自的想法。我們無法每次都控制對話的方向，卻可以打造一個開放而真誠的溝通環境，事先分享彼此的期望，並意識到自己有何想法與感受，再開口說話。也就是說，每一場對話都可以先施肥再播種。

接下來幾章會談到如何對話的實戰能力，但我認為事前的準備工夫同樣重要。成功、愉快的對話好比一場表演，演出前請先做好功課，確定兩個人演的是同一齣戲。

5 有些對話比較難

我應該是嗨咖吧。對話愈難搞，我的興致愈高。
——塔姆．辛雷格（Tamsin Greig），英國女演員

這幾年我常常聽人說，有些人「就是沒辦法溝通」。有人說，面對不肯承認制度中有種族歧視存在的人，她是不屑聊天的；也有人說，如果他認識的人支持某某總統候選人，那「我們就沒有共同點，沒什麼好說的」。這年頭，我們對講話的對象愈來愈挑剔，彷彿處處有地雷。但正因為如此，我們更有必要討論敏感的話題。

好的對話未必是輕鬆的對話。有些話題很敏感，很容易牽動情緒，討論起

來可能不容易，甚至會有危險。但天底下每個人不可能完全沒有共同點，也沒有誇張到無法討論任何話題。

先分享一個小故事。八十五年前，有個黑人小女孩在美國奧克拉荷馬州的馬斯科基（Muskogee）誕生。她是雙胞胎，爸爸是一名牧師，幫她取名潔諾娜（Xernona）。她長大後，一九六五年搬到亞特蘭大，在南方基督教領袖會議（Southern Christian Leadership Conference）工作。這個民權團體的第一任主席是金恩博士（Dr. Martin Luther King Jr.），潔諾娜與他密切共事，跟他的夫人柯瑞塔（Coretta）也成為好朋友。

在潔諾娜的努力下，亞特蘭大的醫院廢除種族隔離制度，病患不必再轉到好幾英里外的黑人專屬醫院。亞特蘭大市長艾凡·亞倫（Ivan Allen Jr.）注意到她的工作，於是請她負責「模範城市方案」。這個方案隸屬於詹森總統的「大社會」計畫，目標在於改善貧窮社區，培育新一代的黑人公民領袖。

身為亞特蘭大模範城市方案的負責人，潔諾娜必須負責五個不同社區，每區各有一名主席。才剛就任不久，市長便提醒她有個主席叫卡文·葛瑞格

（Calvin Craig），人不好惹。葛瑞格當時是美國聯合3K黨（United Klans of America）3K黨騎士（knight of the Ku Klux Klan）在喬治亞州的大龍頭。潔諾娜多年後回憶道，第一次跟這些分區主席開會時，有個人只肯用手指跟她握手，她當下心想：「應該就是這位仁兄了。」[1]

沒想到，接下來一年左右，潔諾娜和葛瑞格幾乎每天都碰面聊天，不只講到種族議題而已，話題天南地北。不知為何，葛瑞格一直光顧她位在亞特蘭大市中心的辦公室。

他們兩人坐著閒聊，氣氛總是很友善，彼此都很尊重。她說，葛瑞格從來不會直接叫她的名字。「他一副就是紳士風度，我們會笑成一團。」潔諾娜說：「我問他為什麼一直來找我，我們明明什麼事都持相反的意見。結果他說：『哈哈，潔諾娜，是因為跟你聊天太有趣了。』」

如果不知道他們兩個人經常聊天，可能會被後來發生的一件大事嚇到：葛瑞格在一九六八年四月召開記者會，宣布離開3K黨，未來要致力於打造一個和諧的國家，「黑人與白人能並肩而立，讓美國更團結。」[2]

但人生如戲，這個故事並不如表面上的順遂。葛瑞格後來又加入３Ｋ黨，但幾年後又退出。若說他能拋下種族歧視是潔諾娜與他對話的功勞，並不為過。葛瑞格自己便說，他會棄暗投明是多虧了潔諾娜。而他舉辦那場歷史留名的記者會四十三年後，他女兒打電話給潔諾娜，苦求要見她。「我來這裡，是想特別感謝妳，」她對潔諾娜說：「妳救了我爸爸一命，讓我們全家得以重生。」潔諾娜當初並不是想讓葛瑞格改變心意，而是因為金恩博士曾對她說：「要改變一個人的心，才能改變他的行為。」

我很喜歡這個故事，因為它展現了對話的力量。兩個人只要願意彼此傾聽、互相學習，就能讓人徹底轉變。對於有些常說沒辦法跟某某人說話、認為對方觀點太偏頗的人，這個故事也是一個提醒。

如果一個黑人女性能夠保持尊重和開放的態度，跟３Ｋ黨的大龍頭對話，那我們呢？在咖啡廳看到穿著川普Ｔ恤的人，或是在辦公室遇到女同事滔滔不絕鼓吹吃純素，我們真的沒辦法交談嗎？

不可否認，有些對話確實有難度，話題比較棘手，可能會得罪對方或傷了對方的感情。在此，我想分享幾個可靠的對話技巧，可以避免在討論棘手話題時失控，吵起架來。

基於我的個人經驗與研究，我發現有五個關鍵心態，可以加深對話的效果，分別是：保持好奇心、自覺有無偏見、表達尊重、不要離題，以及劃下好句點。

保持好奇心

保持好奇心，指的是真心想從對方身上學到東西。潔諾娜跟葛瑞格聊天，目的並不是要教育他，不是要證明他錯了，而是想知道他為何會有那樣的信念，為什麼觀念這麼偏激，非得置黑人於死地。

二〇一六年，前中情局祕密行動處探員艾美莉絲・福克斯（Amaryllis Fox）接受半島電視台訪問，引發不少爭議。有些人不滿她對反恐戰爭的描述，但我覺得她的論點直指對話的重要性，十分有參考價值。

福克斯說，她之所以能與恐怖分子和極端分子交談，是因為：「每個人都覺得自己是好人。要讓敵人卸下心房，唯一的方式就是傾聽他們的心聲。如果你有勇氣聽完他們的故事，就會發現，如果你易地而處，過他們的生活，也有可能會做出同樣的抉擇。」

福克斯並不是說，即使你不認同對方，也要認為對方是「好人」。她的重點是，不妨了解一下對方怎麼看待自己。對方的觀點，是文化、生活、人際關係交織之下的產物，值得我們去了解。如果我們也有同樣的人生經驗，想法又會如何轉變。

察覺自己的偏見

懂得覺察自己有沒有偏見，也是她這番話的重點。可以站在別人的立場思考，也可以想辦法抗拒龐大的衝動，時時想著是否同意對方的說法。**傾聽**對方的談話，未必就要贊成對方。傾聽的目的在於了解，不是認同。

我們常常講著講著，心中在迅速判斷要不要認同對方。我們會注意聽到的隻字片語，猜出對方的政治傾向與信仰，然後把對方歸類。想法跟我們一樣的歸成一類；想法不同的放在另一堆。但問題是，這樣的分類並不準確。

想像一個情境：你家小孩想到朋友家過夜，你打電話給對方的母親討論細節，想要確定小孩交給她能不能放心。你們可能聊當地的活動、聊天氣、聊新聞，氣氛很愉快，但你不會問她家的家規，或者她對管教小孩的看法嗎？畢竟，你們對氣候變遷的觀點一致，不代表對小孩的教養就有共識。從對方的政治觀和社會觀來判斷他的家庭觀，不但可能會適得其反，甚至會有危險。

這種把人歸類的傾向，正面的說法稱為「月暈效應」（halo effect），反面的說法則稱為「尖角效應」（horns effect）。心理學家稱之為認知偏誤或「偏見盲點」。簡單來說，我們如果認同對方的某個方面，就會更願意正面看待他的其他方面。我們只要發現跟對方有一個共同的重大興趣，就會覺得他值得信賴，對他有好感。

相反的情況也一樣。如果我們不喜歡對方的外貌、意見、工作等等，就更可能否定他的一切。我相信各位跟我一樣，對公眾人物或生活周遭的人常常產生偏見。聽到有人因為持有毒品坐過牢，就覺得他是危險人物，或不值得信任。聽到朋友的先生有婚外情，就不肯幫他寫工作推薦函。

研究顯示，大多數人都承認會有偏見，卻不認為自己經常受到影響。我們知道人會有「無意識偏見」，而且很普遍，卻沒有意識到自己也會這樣。

請認清一個事實：人人都有偏見。每個人都會受到無意識偏見的影響，對別人做出錯誤的假設[3]，沒有人例外。

某個程度上，偏見是必要的生存技能。假設你是早期的**直立人**，在叢林裡遊蕩，突然看到有動物朝你逼近，你必須要能光看牠的外貌，便迅速判斷出牠有沒有危險。對其他人類也是如此，必須在千分之一秒內判斷對方是敵是友，必要時才有時間逃命。我們習慣依據對方的長相和穿著把他歸類，可能正是演化而來的結果。

幾十年前，有些心理學家認為偏見是管教不良的副作用。但我們現在知道，偏見其實是人類的求生直覺，也是應付這個複雜世界的必要能力。[4]種族歧視當然不能接受，但如果想要根除，就必須了解它的源頭。我們也要承認一點，種族歧視的一些源頭跟人生經驗有關。之所以會有種族歧視，是因為我們對某個種族有刻板印象，覺得這個人不好，所以這個種族的所有人也不好。

社群意識對人類很重要，我們看到非我族類，天生會產生負面觀感，依照刻板印象把外人分成不同類別。耶魯大學的心理學教授約翰・巴奇（John Bargh）博士是該校認知、動機、評估自動化實驗室（Automaticity in Cognition, Motivation, and Evaluation Lab）的主任，他說：「所謂的刻板印象，就是過度誇張的把人分門別類。對站在眼前的這個人有刻板印象，等於把他的性別、年齡、膚色全都混為一談，心中於是冒出聲音說這個人懷有敵意、腦筋不好、動作遲緩、意志薄弱，但如果跳到實際環境，這些情況並不存在，也未反映現實。」

各位或許會覺得，刻板印象全是歷史與無知的產物，但有些刻板印象形成的時間其實並不久，而且每隔一段時間就有新的刻板印象冒出。科學家在實驗室甚至能夠複製出刻板印象，也就是說，刻板印象可以隨時被創造出來，而且不會隨著時間抹滅。[5] 刻板印象會隨著時間不斷演變，這顯示一個重點：刻板印象並非事實，也不是真理，而只是假設。以前的人認為粉紅色是男生的顏色，就是一個例子。《女性家庭月刊》（*Ladies Home Journal*）一九一八年六月號曾建議家長：「一般的穿搭原則是，粉紅色適合小男生，藍色適合小女生，因為粉紅色比較果決、強烈，適合小男生；藍色較精緻，小女生穿起來比較漂亮。」

殊不知才幾十年的時間，大家對這兩個顏色的性別刻板印象恰恰相反。用嬰兒毯的顏色來舉例，似乎沒什麼大不了，但就是這樣的態度大轉變，更讓人看到刻板印象的站不住腳。我們跟人對話的時候，心裡所有先入為主的觀念都會影響對話結果，但大多數的觀念卻沒有事實根據。不管你覺得自己的看法多麼正確，不妨先把它看成是刻板印象，而不是事實。先承認自己會有偏見，然後在對話中先把偏見擱在一旁。傾聽對方的談話時，盡全力不帶價值判斷，不要每分鐘都在盤算著同不同意對方的觀點。

現代社會之所以這麼分化，很多都是我們的習慣使然，我們常常把意見跟我們不同的人歸類成「外人」。一旦覺得對方跟我們不同，我們就不容易找到方法來表達自己的觀點，有時甚至乾脆放棄。《紐約客》（*New Yorker*）雜誌撰稿人文森．康寧漢（Vinson Cunningham）在二〇一六年曾撰文指出：「兩極對立會有一個很大的危險，這在過去幾個月變得再明顯不過，那就是：美國傳統的共同語言幾乎消失了，甚至永遠不見了……用同一種語言溝通，原本已經很難彼此理解，但至少還有理解的可能。現在我們不再講同一種語言，反而隔著日益變大的鴻溝喊話。」[6]承認我們有偏見，是縮小鴻溝的第一步。

尊重別人的觀點

我的第三個建議是，隨時尊重別人的觀點。我個人覺得，雙方要有實質溝通，絕對少不了尊重。根據最近的民調顯示，幾乎每個受訪者也都說，對話時尊重對方甚至比找到共通點更重要。[7]

為了表示尊重，你必須把對方看成是平起平坐的人，值得獲得尊重，就算兩個人的意見不同，也要想辦法發揮同理心。有個做法是，假設每個人的出發點都是想改善自己的生活。遇到你討厭或不了解的人，先設法找出你們的出發點是什麼。

如果想要練習同理心，可以找個意見跟你不同的公眾人物，看看他的影片，可以是演講，也可以是訪談，專心設想對方的出發點。從對方的角度來看，他的目標是正面而有建設性的，設法找出他們的目標是什麼，專注在他的正面意圖。做起來不容易吧？但如果你想尊重對方，這個練習絕對有必要。對方做的決定可能跟你不同，或許也會有不同的心得，但在他心中，他卻是為了某個目標全力以赴。

我開車時會想辦法訓練同理心技巧，對我來說，這件事的難度很高。看到有人超車或闖紅燈，我的直覺想法是對方沒智商、沒家教，有時候我還會大聲說出來。但我最近會設想：**對方為什麼這麼急，為什麼會心情不好。我忍住不罵髒話，心想他可能今天諸事不順，也可能趕著要回家看小孩**。我也有小孩，可以了解對方的心情。

我心中設想的情境是不是真的，並不重要；對方是不是本來開車技術就很爛，也不重要，這個練習的重點在於，訓練我看事情的角度，把其他人看成是跟我一樣、生活中也面對各種挑戰的個體。重點是要讓我建立起習慣，把對方看成是也會犯錯的人，努力在這個困難重重的世界立足。練習，是為了我自己，而不是對方。

如果你不尊重對方，兩個人的對話就很難有結果，而且你對他的看法與觀點也可能不準確。

不要離題

怎麼討論棘手話題，我的下一個建議是：不要離題。如果跟人聊著聊著，突然觸碰到禁忌話題，死亡、離婚，或種族議題等等，別急著轉移話題，不要說笑話或是離題。談到棘手的話題常常讓人覺得不自在，尤其是不知道該說什麼的時候，但請不要覺得喪氣就離開了。沉默比逃走更好。

如果真的無話可說，就專心當個聽眾吧。你們可能達不成共識，但沒有關係，並不是每一次對話到最後都是雙方彼此擁抱，甚至可以說，大部分對話都不會這樣。有時候，光是聽對方的想法，雙方的觀點不必改變，就已經足夠了。能夠完成這樣的對話，就算無法享受其中，也應該欣慰。

讓對話劃下好句點

最後建議大家對話要劃下好的句點。這個原則適用於所有的對話，但敏感的對話更應該如此。如果想跟對方維持好關係，就應該克制衝動，不必爭著講最後一句話。

此外，也要謝謝對方的分享。與人討論政治或宗教信仰有時候會感覺如履薄冰，請謝謝對方願意敞開心胸，花時間分享。對話在友善親切的氣氛中結束，便能為未來的對話打好根基。

這些建議不見得都做得到，但沒關係，各位不必成為一百分的對話大師，我自己就不是。有一次我跟先生談到警察槍殺案，吵到一發不可收拾，結果兩人分房睡了幾天。別忘了，情緒不是一種性格缺陷，我們天生就是情感動物。有時候當下理智斷線，原本的一片好意都白費了。

如果你說了不該說的話，請立刻跟對方道歉，說你不是故意要傷人，承認你說錯話了。不要為自己找藉口，道歉完就能放下，言歸正傳。

如果我們學會怎麼討論敏感話題，找到共通點，發現彼此在有些議題上可以達到共識，就有機會解決現今社會的一些沉痾。建議大家敞開心胸，開口與新朋友對話，問問新的問題。只要好好對話一次，對其他人、對你自己、對這個世界就能有新的認識。

誠心的道歉

有時候，敏感話題會失控，意思或字句遭到誤解，雙方反目成仇。這時只有一個解決方式，那就是：有人要先道歉。

道歉不容易，有時會覺得痛苦彆扭，但這才是重點所在。我們道歉時，對方會看到我們的掙扎，知道我們覺得不自在，自然會產生惻隱之心。誠心的道歉彷彿強力催化劑，能夠促進雙方和解。

我發現，發自內心的道歉，有時能讓對話起死回生。就算事情不是我的錯，我偶爾也會道歉。我有時候希望能夠展開全球道歉之旅，跟歐巴馬遭人說嘴的那種道歉之旅不一樣，我是想前往不同的城市，主動跟大家說我知道大家受委屈了，對不起。

舉我最近在機場的例子，我等著上飛機，讀著一本《根源之血》（*Blood at the Root*），為訪談作者做準備。書講的是一九一二年喬治亞州福賽斯郡（Forsyth County）的種族憾事。白人當時持槍荷彈，或威脅、或暴力、或放火，把每一個黑人公民驅除到郡外，福賽斯郡之後有長達七十五年（甚至更久）的時間只有白人。[8]

我對面坐了一個金髮女子，問起我這本書，我們於是聊了起來。她說她從小長大的小鎮都只有白人，還記得以前有個墨西哥家庭搬來，大家對他們都很不客氣。雜貨店的櫃臺店員不會正眼看他們，也不肯和他們說話，只是面無表情的結帳，等著他們付錢，不說一語。

金髮女子說，她的父母親當時對墨西哥那家人沒有好話。現在回想起來，才知道那是種族歧視，話中充滿仇恨，完全是莫須有的指控。但她說她不懂，明明是她父母親做的事，大家卻把錯怪在她身上。「就這樣認定我會種族歧視，也是種族歧視啊！」她說。

「我希望每個人都是合法移民，但這不代表我有種族歧視，」她接著說：「對方是什麼膚色，從哪裡來，我都不在乎。我只是希望大家能夠安分守法，結果大家都把我講得很難聽。」

聽到這裡，我坐到她旁邊的位置，直視著她說：「我替大家向妳說對不起。他們不應該這樣對妳，讓妳覺得不能說出自己的看法。我很抱歉大家隨便罵妳。」

跟我預期的一樣，我看到她的肩膀漸漸放鬆，眼睛周圍的肌肉也放鬆了，嘴巴露出淺淺的微笑。「謝謝，」她說：「謝謝妳的安慰。我只是很難過，現在有什麼想法都沒有辦法說了。」

我們後來又聊了二十分鐘左右，等到達美航空準備登機，我才站起身道別。她這時又謝謝我傾聽她的心聲，說她現在終於懂了，她的觀點可能會讓有些人覺得很刺耳。「我從來沒有想過我的表達方式，以為講出心裡的話就好，」她說：「我沒有傾聽對方的心聲。」

我想，她最後應該學到用更開闊的心胸看整件事吧。我能確定的是，我對她、對跟她觀點一樣的人多了一點同理心。我也很高興能夠給她一個誠摯的道歉，親眼見證道歉帶來的轉變。

真心誠意的道歉，無分大小。澳洲政府過去無情對待原住民，在經過原住民多年來不斷要求下，終於道歉，把五月二十六日訂為「國家道歉日」。澳洲政府過去長時間有組織的迫害原住民，最後只做出這樣的回應，似乎做得太少。但這個紀念日卻提供了一個平台，讓政府每年有機會面對歷史傷痛，對此道歉。

道歉可以卸下對方的心防

一聲道歉，彷彿一道魔法。我自己是這麼看的，但看在科學家的眼裡，放下身段道歉，對人的大腦卻有實質影響，無關魔法。邁阿密大學心理學教授麥可．莫克洛（Michael McCullough）以道歉與原諒為主題，進行過極具創新的研究工作。他指出，大家誤以為人類天生自私吝嗇。「人類重關係，需要伙伴，」莫克洛說：「物競天擇之下，我們或許也遺傳了修護重要人際關係的能力，在衝突過後能夠讓關係復原。」[9]

人受到委屈時，大腦的化學物質會開始作用，導致大腦處於動盪不安的狀態。情緒糾結，可能花好幾年想解決都沒有好結果，這樣的過程甚至是發生在潛意識裡，自己意識不到。莫克洛在邁阿密大學的克拉蓋柏茲校區主持「演化與人類行為實驗室」（Evolution and Human Behavior Laboratory），研究報復、自制與感激等等的行為，他接受美國公共廣播電台《生活的真諦》（*On Being*）訪談時，與主持人克莉絲塔．提蓓（Krista Tippett）出現以下的對話：

莫克洛：有人可能被嘲笑、被騷擾、被侮辱了，覺得很受傷，這時如果讓他接受檢查，觀察他的大腦運作，會看到在處於報復的心態下，大腦看起來就像口渴的狀態，準備要喝飲料，或者是很飢餓的狀態，準備要拿巧克力來吃。

提　蓓：就像想吃東西的感覺囉？

莫克洛：沒錯，就是一種渴望。大腦的報償系統會高度活化……渴望報復，並不是心理病態，而是渴望解決一個問題，達成目標。[10]

即使你覺得某人沒有理由覺得受委屈，但他的情緒卻是真實的，無法抹滅，他**渴望**問題獲得緩解。道歉，可以讓那份渴望稍微獲得滿足。

真誠道歉時，會發生三件事情。第一，你承認對方在生氣或難過。你讓對方知道，他有理由生氣或他的怒氣是千真萬確的。這樣常常能讓對方卸下心房。研究指出，道歉過後，對方不再覺得你是威脅，或是會再次傷害他，原本處於防衛的狀態也不見了。最後，對方如果接受你的道歉，大腦會準備原諒，甚至可能會完全放下傷痛。專攻創傷復原的心理治療師貝芙莉・英格爾（Beverly Engel）曾在著作《道歉的力量》（*The Power of Apology*）寫道：「道歉雖然無法彌補過去傷人的行為，但如果道歉得有誠意又得當，能夠抵銷過去行動的負面效果。」[11]

此外，道歉的人也在過程中受益良多。為了向人道歉，你首先要知道對方為什麼難過，因此要懂得站在對方的立場思考，進而更能夠展現同理心。

我跟機場那名女子道歉，必須先從她的角度設想，被說是種族歧視是什麼感受。她顯然覺得非常受傷。被隨便亂罵是什麼感覺？我聽著她的故事，鼓勵她進一步說出自己的看法，整段過程都設法從她的角度出發。我自己有了成長，也不會覺得道歉難以啟齒，而能真誠的對她說：「對不起。我知道大家這麼說你，你一定很難過，我替大家向妳道歉。」

容我強調，這不是極端的情況，而是日場生活的對話。我並不是說，要大家向殺人凶手或犯下滔天大罪的人道歉，不是要大家跟殺人無數的柬埔寨前總理波布（Pol Pot）對話，而是平常就可以這樣對話，可以是對著咖啡廳的陌生人，也可以是對著公司的同事。

到頭來，我認不認同機場女子的觀點，其實不重要。重要的是，我知道她的痛苦，讓她有機會抒發。她卸下心中的圍牆，說她是生平第一次以開放的心胸傾聽相反的觀點。道別時，她覺得有人了解她的心情，心中不再憤怒。或許，有了這次的經驗，她日後會更願意打開心胸，討論同樣的話題。

這樣的結果，全都出自於一場意外的對話，有個陌生人願意跟她說對不起，平復了她幾十年來覺得委屈的缺憾。這些當然可以用科學來解釋，但我還是覺得有那麼一點魔法。

道歉的力量

一九七〇年十二月七日，德國總理威利．布蘭特（Willy Brandt）赴波蘭進行國事訪問。當時，德國正與位於西北方邊界的波蘭密切協商。布蘭特按照行程來到華沙猶太區起義紀念碑。這是一個正式，甚至有點矯情的安排，跟其他國家領導人參訪任何一個紀念碑差不多。不同的是，布蘭特是德國總理，紀念碑是一萬三千名猶太人死於德軍手上的遺址。

一九四三年，波蘭遭德國占領。納粹在一九三九年秋天入侵時，波蘭境內有三百多萬名猶太人。德軍將波蘭籍猶太人集中在猶太區，餓死或病死的人不計其數。最大的猶太區位在華沙，小小兩平方英里的範圍，最多曾住了四十萬人。

一九四二年夏天，德軍展開「東向移居」計畫，每天帶走幾千名猶太人。猶太委員會委員長得知「移居」的意思後，自殺身亡。同年年底，猶太區民眾開始發現，親友並不是被送到勞改營，而是送上黃泉路，於是決定反擊。

一九四三年一月開始，華沙猶太區民眾有的開槍，有的投手榴彈，力抗納粹黨衛軍。到了四月，德軍見他們抵死不肯投降，於是有組織的走上街頭，拿著火焰噴射器燒毀猶太人的住家與店鋪。有個倖存者向英國BBC形容：「現場一片火海，淹沒了房屋和庭院……吸不到空氣，空中只有嗆鼻的黑色濃煙。牆壁和石階被火燒得紅通通，四周炙熱難當。」[12]

最後，共有一萬三千名猶太人喪命，其中一半死於火海或窒息，其他人則死於槍砲炸藥或暴力。德國指揮官尤爾金．斯楚普（Jürgen Stroop）在波蘭坐監多年後，曾跟獄友這麼形容：「場面很壯觀，就像一場盛大的演出。我和屬下站在一段距離以外，由我拿著電子引爆器，可以同步引爆全部炸藥。傑蘇特（Jesuiter）要大家安靜。我瞥了一眼這些英勇的士官兵，又累又髒，映襯著身後燃著熊熊火光的大樓。我故意停住一會兒，最後高喊『希特勒萬歲』，然後按鈕引爆。」[13]

說這個故事，是希望大家能了解這個行程的重要性：這個紀念碑是許多猶太人被燒死的遺址，如今德國的領導人要來致意。布蘭特在華沙慘劇中並沒有扮演任何角色，他在一九三〇年代便逃離德國，躲避納粹的起訴。他反抗希特勒政權多年，德國公民的身分遭到褫奪。布蘭特在大戰期間並沒有傷害任何猶太人。

這段參訪影片顯示，布蘭特神情嚴肅，身穿黑色西裝與大衣，周圍是立正站好的官員與士兵。他慢慢走向紀念碑，把花圈放在雕像前面，這時他做了一件讓大家震驚不已的舉動：他跪了下來。他跪在地上片刻，不發一語，雙手闔著擺在身前。所有報導都說，他這個舉動完全沒有事先安排，而是當下情緒流露的表現。他當天簽署「華沙公約」，確定德國與波蘭的新邊界。

布蘭特這一跪，謙卑而哀慟，被各界視為是德國與波蘭，乃至於與東歐關係的重大突破。隔年，布蘭特獲頒諾貝爾和平獎，波蘭亦豎立他的雕像，不遠處便是他當初沉默跪下的地方。

Part II

「我心目中的好同伴……要聰明，要見多識廣，而且能說善道。我覺得這樣才稱得上是好同伴。」

「你錯了，」他溫柔地說，「這樣不是好同伴，這樣是最好的同伴。」

——珍・奧斯丁（Jane Austen），《勸導》（*Persuasion*）

接下來的章節要介紹具體的對話策略，我認為這些策略能夠立刻改善大家的日常對話。說「立刻」，並不是指看完整本書就能化身對話大師。落實這些技巧之前，很多時候要先改掉累積一輩子的壞習慣，這需要一點時間。

我練習這些技巧已經幾年了，現在還不敢說渾然天成。改掉壞習慣不容易，大家要有耐心。你可以先找一個簡單的技巧來練習，不妨先從你覺得最容易掌握的環節開始。跟人交談時，你是不是很難專注？是不是很容易覺得無聊或分心？是不是常常想一心多用？如果是這樣，可以先看第六章，加強專注力。等到你覺得已經能夠專注在對話當下，再練習另一個技巧。重點是，一個一個慢慢來。

我在書中對「對話」的定義是「好的對話」。我覺得，日常交談大多數都不在這個範圍。無論是工作還是在家，都會出現一些簡短、具體的對話，過程不必小心翼翼或特別有耐心。如果只是在聊想看哪一部電影，或者教同事怎麼登入信箱帳號，大可不必擔心要怎麼發問才好。

這本書針對的是比較複雜的對話，也因為很複雜，所以很容易出錯。如果把每次對談都變成交心的深度對話，你會累得半死。運用書中的技巧時，請看場合決定。如果是訓練其他人，大可由你主講。如果你在教學，那你可能會採上對下的心態，但我通常會建議不要這麼做。

此外，我常常會拿自己的訪談經驗為例，說明如何落實對話策略。這是因為，我研究對話這門學問，最初是想提升訪談能力。各位可能覺得訪談不是對話，所以不適用在各位身上，但其實，對話正是訪談的本質。

在研究的過程中，我覺得最意外的心得是，有些技巧在錄音室的訪談有用，拿到咖啡廳對話同樣也有幫助。不管是在辦公室、健身房，還是小孩的學校，這些技巧都很實用。如果你是記者或召募顧問，常常需要訪談面試，這些技巧也值得參考。各位還有一個優勢是我沒有的：日常對話沒有進廣告時間，不必跟我一樣得趕快結束對話。

還有一點值得注意：每次對話都不一樣，我沒辦法教大家重複使用哪個固定的字眼或詞句來提升對話品質。天底下沒有對話範本這種東西。

但我後來發現一件事，只要全心全意投入對話，對話自然精采。舉我最近的一個例子，有次我跟同事聊到錄音室翻新，聊著聊著，他講起設備價格是多少，什麼時候出貨。此時我的心思漸漸飄走，這時連忙說：「哇！我可能咖啡喝得還不夠，沒聽懂你的意思。你可不可以倒帶回去，再講一下設備什麼時候會安裝。我現在的腦容量可能只夠處理簡單的資訊。」

這樣的回答對我很有效，我們兩個人哈哈大笑，對話又回到原來的主題。但這麼說未必適合你，因為你的說話方式可能跟我不一樣。希望大家在對話時能夠真誠以對，這樣就能有最好的交流。

在進入對話技巧的介紹之前，還要說一件事。切記，這些技巧並非絕對，一定有例外。有些情況適合分享個人經驗，跟對方比較。有些情況可以深入問問題，或講到名字、日期等等枝微末節。有些情況可以穿插沒有相關的小插曲，比如說你在郵局發生的趣事，對當下的對話正適合。

這本書是經過五年研究後的成果，我精心蒐集相關專家的研究資料，加入我個人工作經驗的觀點，各位的觀察則是另一部分。思考自身經驗固然重要，但我建議不要太過頭，忽視了專家意見（第七章會說明大腦很容易被騙，各位看了之後，就能了解我為什麼建議要多層檢驗）。

我發現，照著這些意見做，對話品質會提升，雙方交集更緊密，人際關係也會更加深刻。希望這本書也能為各位帶來同樣的助益。

6 專心對話，其餘免談

人人都知道專注是什麼。專注，是面對好幾個同步進行的東西或思緒時，以清晰而鮮明的意識聚焦其中一個東西或思緒。

——威廉・詹姆士（William James），美國心理學家

如果你覺得自己可以同時做兩件事，而且做得很有效率，很抱歉，那你就錯了。大家都以為人類有辦法一心多用，其實不然。[1]

一心多用的概念來自於多工，原本不是用來形容人類的能力，而是指電腦能夠同時運作好幾個程式。但人腦終究不是電腦，一次只能專心做一件事。

很多人**認為**自己能夠一心多用，以前的我也不例外。不管是快餐廚師、急

診室護士，還是中學教師，看他們忙起來，難免會覺得一心多用是可能的，但正如麻省理工學院的神經科學家艾爾・米勒（Earl Miller）所說：「大腦很會騙自己。」[2] 一心多用的時候，其實心思是在幾個工作之間快速跳動，但我們自己察覺不到，還以為能夠同時專注兩件事情。可悲的是，現在還是有很多人喜歡邊開車邊傳簡訊。

我們無法同時做兩件事，尤其是這兩件事動用到同一區大腦的時候。也就是說，我們沒辦法又寫信又打電話，因為左腦無法同時處理這兩件事。米勒指出：「說話與文字都是在溝通，兩者存在很多衝突。」這個衝突就是所謂的「干擾」。

同樣的道理，我們沒辦法一邊跟同事講話，一邊看臉書，或是一邊跟汽車技師說話，一邊拿平板電腦查變速箱的價格。我就有好幾次慘痛的經驗，邊煮飯邊陪兒子看電影，結果把飯煮焦了。

問題是，大腦很享受**嘗試要**一心多用的過程。從這個動作快速跳到下個動作，「會形成多巴胺上癮的循環，等於鼓勵大腦不要專注，要不斷尋找外來刺激。」神經科學專家丹尼爾．勒文庭（Daniel J. Levitin）說。多巴胺飆升後，我們得付出昂貴的代價，因為神經元快速轉換下，會增加皮質醇與腎上腺素，這兩種賀爾蒙「會過度刺激大腦，導致腦茫現象或是思緒不清。」[3]

換句話說，我們一心多用時，會覺得自己超級有效率，但思緒其實不清不楚，而我們卻沒意識到自己的認知能力已經打折。皮質醇與腎上腺素還可能讓人覺得壓力大或焦躁。所以，我們一心多用時，當下雖然很亢奮，事後卻會覺得焦躁不安。也因為認知能力降低了，我們有可能在某個環節出了差錯，所以也會感到緊張。

一心多用，遲早會犯錯

因此，一場好對話需要全心全意經營。我知道這不容易，因為這個社會強調一心多用很重要，生活中到處有事情讓我們分心。各位上網時，瀏覽器通常會開幾個分頁？出門又會帶多少電子產品？只帶手機嗎？還是手機加平板？開會時，你又會帶哪些行動裝置？我的辦公室最近開臨時會議，有個同事大陣仗帶了筆電、手機和平板。會議一開始，只見她小心翼翼把東西擺定位，停了一下，看了看手上的運動手錶。

這些裝置讓我們誤以為掌控力增加、工作能力提升，也讓我們覺得隨時掌握資訊。有了智慧型裝置，我們應該更聰明才對！不過那可不一定，因為實際上這也是錯覺。心理學家葛蘭・威爾森（Glenn Wilson）的研究發現，想要專心工作，但知道收件匣有封信還沒有看，智商會掉十分。大腦安排事情的先後順序、做出決定的區域叫做「前額葉皮質區」，容易被新事物吸引而分心。想要看那封信到底寫了什麼，會浪費心力想打開那封信，導致認知能力下降。

簡訊不必特別打開，所以殺傷力可能比電子郵件更大。許多手機能夠立即顯示簡訊，即使正在看其他東西也能隨時查看。「再加上大家現在覺得已讀不回沒有禮貌，」勒文庭在《衛報》（*Guardian*）寫道：「這樣不上癮也難：收到簡訊，啟動大腦追求新奇的部分。回了簡訊，等於完成一項工作，大腦獲得獎勵（萬萬沒想到，這項工作十五秒前還不存在哩）。每一則簡訊的往返釋放出多巴胺，大腦邊緣系統高喊著『我還要！我還要！』」[4]

但別忘了，每次看簡訊，大腦也會釋放皮質醇與腎上腺素，模糊思維，使得大腦高呼：「好累啊！好緊張！」如此不斷循環，難免造成工作成效低落，心情不佳。

把心思放在一大堆事情上，我們會覺得是最有效的運用時間。科技創業家席格勒（M. G. Siegler）曾撰文辯護一心多用的行為，他在TechCrunch網站寫了一篇標題為〈老子吃飯就要看手機，誰管你〉（I Will Check My Phone at Dinner and You Will Deal with It）的文章，文中提到：「不好意思，現在吃飯已經進化到2.0版了。而且，我這樣吃飯的樂趣更多。這算是反社會性格嗎？是沒錯。看工作相關的緊急信件，會不會分心？當然會。但現代世界就是這樣子，隨時上網，隨時待命，而且有些人就愛這樣。」[5]

我在想，「有些人就愛這樣」，部分原因可能就是神經科學專家所謂的多巴胺飆漲吧。我沒有立場教大家怎麼做，這樣太虛偽了，畢竟我以前常常自誇是多工達人，有好幾年還把一心多用寫進履歷裡，當成「特殊技能」。

但人生就是如此，犯了錯才學到教訓。記者多半要同時進行好幾則報導，我以前每次會同步處理五到十則新聞，每則新聞要打幾十通電話給潛在的消息來源。也就是說，我常常一邊接電話，一邊訪談，一邊寫筆記，一個禮拜最多可能要與上百人談話。

一心多用處理這麼多則報導，遲早會犯錯。我當時在撰寫裸體淑女合唱團（Barenaked Ladies）的新聞，他們正要為莎劇《皆大歡喜》（*As you like it*）編曲。編輯音檔時，我同時在處理有關克萊斯勒車廠的報導，訪談相關消息人士，而且也在撰寫底特律種族暴動的報導，忙得不可開交。我果然犯下大錯。

裸體淑女合唱團的報導在《早安您好》（*Morning Edition*）播出後，我收到一封電子郵件，是之前訪談過的一名教授寫的。他說，報導中的引述很精采，他很高興報導中提到他的名字，可是那些話卻不是他說的。[6] 我打電話給編輯認錯，心裡很懊悔。對記者來說，這是天大的錯誤，因為資訊誤用，等於砸了我們的招牌。

從那時起，我再也不同時處理好幾篇報導。如果必須接電話，我會離開電腦桌，專心聽電話。如果在寫報導，我會把電話關掉，關上門，心無旁鶩撰寫。這樣雖然沒有多巴胺的激勵，但寫作的品質提升了，而且誠實的說，跟消息來源的訪談也更有深度。

我無意讓各位覺得內疚，只是想分享我的慘痛教訓。如果你的目標是好好對話，萬萬不應該邊講話邊看簡訊或電子郵件。對話是一門微妙的學問，講個十秒就打開推特來看，最後只會漏聽訊息或誤解對方的意思。

此外，不專心就不太可能記住剛才聽到的話。在心無旁鶩的情況下，我們要記住事情就已經有難度了，這點已有許多研究證實。明尼蘇達大學的研究顯示，即使要受試者專心傾聽，他們也只能記住一半的內容；兩個月後，記住的內容只剩四分之一。另一項研究請受試者看晚間新聞，他們只能記住不到兩成的內容。[7]

研究也指出，如果不專心傾聽，八小時內會忘記高達一半的資訊。也難怪，如果在另一半看電視影集《法網遊龍》（*Law & Order*）時交代事情，對方當然記不住；在小孩邊打電玩邊講電話時叫他倒垃圾，當然會被當成耳邊風。

公司每年召開全員工大會，討論重要議題，效果也值得商議，可能每年都得舊調重彈。

總歸一句話，如果不專心對話，還不如不要對話。我不是指把電話放下或別看電腦而已，而是要專注**當下**。不必拿手機查《梟巢喋血》（*The Maltese Falcon*）是誰主演的（答案是亨佛萊．鮑嘉〔Humphrey Bogart〕），或是一九七四年的美國總統是誰（尼克森〔Nixon〕或福特〔Ford〕都對，看問的是哪個月份），對話照樣能夠進行。

如果不想交談，就別逞強，有禮貌的告訴對方說，你現在千頭萬緒，實在不方便跟對方說話。「我需要釐清頭緒一下，」我常這麼說：「不好意思，我很想聽你說，但現在沒辦法專心，可以等一下再聊嗎？」

就算是簡短的對話，也需要專注，不然就應該暫時放下。如果分心的事物太多，要對自己、也要向對方坦誠。不能專注，乾脆就別對話了。

練習冥想

想要學習怎麼專心對話，最有效的方法莫過於冥想。大家可能已經猜到我會這樣講，或是可能會翻白眼，許多人一聽到冥想就敬謝不敏，我其實不知道為什麼，但我在生活周遭最常聽到的原因是沒有時間，還有就是覺得冥想跟宗教有關。

冥想確實常常跟佛教劃上等號，但其實就跟瑜珈一樣，雖然源自於宗教，卻是一種訓練大腦的方式。我們上健身房可以訓練肌肉，冥想則可以鍛鍊心智。

藉由正念冥想，一個人可以察覺自己的身體、呼吸、思緒，過程不需要太多時間，事實上，每天五分鐘就能看到效果。有些冥想老師建議，初學者不妨一天花兩、三分鐘冥想就好。

冥想有哪些具體好處，相關研究正在進行。比方說，冥想能減緩多少憂鬱或疼痛，現在還無法斷定。但許多研究顯示，冥想能抒解壓力，改善心情，而且哈佛大學一名神經科學專家的研究還指出，冥想甚至可能增加額葉皮質的灰質，也就是與記憶和決策有關的大腦區域。在這項研究中，受測者每天冥想四十分鐘，連續八週，最後進行磁振造影掃描，可以測出灰質明顯增加。[8]

沒有時間，也不必冥想四十分鐘，不管冥想多久，都能很快看到好處。而且不必拜師、不用下載應用程式、不必放輕音樂，也不必有柔和的光線。

靜心正念

冥想的步驟很簡單，安靜坐定，閉上眼睛，專心呼吸，同時讓思緒飄過腦海，不要專注在上面。思緒會飄入腦海，注意到了就放下，繼續專心在呼吸上。也可以數呼吸的次數，但並非必要。冥想，就這麼簡單。

雖然簡單，但知易行難，需要一點時間練習才做得好。佛陀坐在菩提樹下冥想了七天，動也不動，據說他最後會站起身，是因為肚子太餓了。

要學會怎麼讓思緒飄進來再飄出去並不容易。大腦一定會分心，沒辦法停止不思考，卻能加以訓練，不要沉浸在每個隨機形成的思緒。冥想只是讓你更清楚大腦在想什麼，可以決定要專注在哪些思緒，又要捨棄哪些思緒。

冥想熟練了，更能察覺自己的思維，這時可能講話會變慢。你自然而然可能有更多停頓，注意自己的思緒，這是正面的現象。

冥想能夠改善對話能力，因為你會更懂得傾聽。心中的話匣子靜下來後，就能真正傾聽到對方在說什麼，而不會太被自己的思緒分心。冥想還有其他的好處。比方說，一個人如果懂得靜心冥想，工作比較不會疲憊，而且通常更知道如何應付壓力。每天坐下來靜靜呼吸幾分鐘就有這麼多好處，很值得吧。

上面只是列出冥想的基本做法，另外還有許多變化。其中一種叫「慈心禪」。聽到慈心禪，感覺像是要跟掛著佛珠、飄著印度薄荷味道的精神導師上課，其實慈心禪的效果很好，廣受心理學家和醫師採用。

慈心禪能夠減輕憂鬱症狀，甚至降低慢性疼痛的程度，而且似乎還有益情緒健康與思考過程。練習慈心禪的人，情緒比一般人更為正面。經過證實，慈心禪可以降低偏見、培養同理心。

以下是慈心禪的基本步驟。將善念傳給自己與其他人，呼吸。你可以選擇其他做法，以下只是常見步驟：

1. 將善念傳給自己。
2. 將善念傳給心愛的人。
3. 將善念傳給陌生人。
4. 將善念傳給討厭的人或目前跟你有爭執的人。
5. 將善念傳給天下萬物。

我今天早上把善念分別傳給自己、給我兒子、給咖啡店那個蘇格蘭腔很重的女生、給那個不能具名的人，還有給全世界，總共花了十分鐘。

想要訓練自己專注當下，排除生活中讓人分心的瑣事，我覺得冥想是最有效的方式。畢竟，冥想最初的目標就是要靜心正念。但不管各位採用什麼方法，重點是在對話時專注當下。用心傾聽對方的字句，專注表面訊息和背後含意。不能專注，多說無益。

7 你我大不同！

不管對方是人還是動物，我們實在不擅長對對方的感受與思緒產生共鳴。既然如此，同理心或許應該列為我們的正式教育。試想，如果每個人都必修「閱讀、寫作、數學、同理心」，這世界會有多麼不同？

——奈爾・德葛拉司・泰森（Neil deGrasse Tyson），知名科普節目主持人

幾年前，我有個好朋友的父親過世，我發現她一個人坐在辦公大樓外的長椅，動也不動，只是凝望著遠方。看得出她很難過，但我不知道該說什麼才

好。她這麼傷心，我很怕說錯話，只好安慰她說，我小時候就沒有爸爸了，我九個月大時，爸爸在潛水艇溺水過世，但就算我從來不認識他，我心中總是抱著一股缺憾。講這番話，是希望我朋友不要覺得沒有人懂她，我也有類似的經驗，能夠了解她的感受。

沒想到朋友聽了，生氣的盯著我說：「好啦，瑟列斯特，算妳贏。妳沒有爸爸很可憐，我好歹也跟我爸爸相處了三十年。妳比較慘，所以我爸爸死了，我沒什麼好難過的。」

我嚇傻了，連忙解釋說：「不是不是，妳誤會我的意思了。我只是想說，我懂妳的感受。」她回說：「妳不懂，瑟列斯特。妳完全不懂我的感受。」

她揚長而去，剩下我無奈的站在原地，覺得自己真是王八蛋。我這個朋友當得太失敗了，想要安慰她，卻弄巧成拙，讓她心情更糟。我那時覺得她誤會我的意思了，以為只是她情緒比較脆弱，剛好拿我出氣。

但其實，她完全沒有誤解我的意思。那場對話發生了什麼事，她可能比我更清楚。她正要傾訴心裡的難過，我卻覺得不自在，不知道該說什麼的情況下，只好講我覺得自在的話題，那就是我自己。

我雖然想要表示同情，無意間卻把焦點拉回我身上，不管她正在傷心。她想要跟我講她爸爸的事，聊她爸爸是怎麼樣的人，跟我分享過去跟爸爸的美好回憶，讓我知道她此刻有多麼心痛。結果我卻要她停下來，聽我說我爸爸的悲劇。

從那天起，我開始注意到我常跟別人分享自己失落或掙扎的故事。聽兒子說跟另一個童子軍吵架了，我講到我在大學也跟一個女生起衝突。聽同事遭到資遣了，我講到幾年前自己被資遣後，好不容易才找到工作。當我開始更關注別人如何對於我表達的同理心做出回應時，我發現分享個人經驗的效果並不好。大家只是希望我能傾聽他們的遭遇，我卻要對方聽我的經驗認可我。

對話自戀症

這種在對話中都要講到自己的傾向，社會學家查爾斯·戴伯（Charles

Derber）稱為「對話自戀症」，指的是很想主導對話，把焦點集中在自己身上，過程常常細微而不自覺。[1]

戴伯寫道，對話自戀症「是美國時下主流心態的具體表現，也就是想成為焦點。不管是跟朋友、家人，還是同事，平常的對話就會有這種現象。現在有許多書籍討論如何傾聽，如何應對滔滔不絕的人，就是對話自戀症在生活中無所不在的證明。」

戴伯認為對話分為轉換反應與輔助反應兩類。前者把焦點轉到自己身上，後者輔助對方的話。舉幾個簡單的例子：

轉換反應

瑪麗：我現在超忙的。

提姆：我也是，工作好多。

輔助反應

瑪麗：我現在超忙的。

提姆：為什麼？你手上有什麼工作？

再舉一個例子：

轉換反應

凱倫：我想要買新鞋子。

馬克：我也是，我的鞋子快穿爛了。

輔助反應

凱倫：我想要買新鞋子。

馬克：是嗎？妳想買哪種款式？

轉換反應是對話自戀症的一個特徵，這可以幫助你把焦點轉移到自己身上。反觀輔助反應能鼓勵對方繼續說下去，讓對方知道你在傾聽，想知道更多事情。

對話就像拋接球

經常有人用拋接球來比喻對話。理想的對話中，焦點持續在兩人之間轉換，呈現流動狀態，一下子講你自己的想法，一下子專心聽對方說什麼。（如果用跟得上時代的比喻來形容，就是拿著手機在自拍與人物模式轉換，一下子我，一下子對方。）拋接球的比喻，果然很貼切。

玩拋接球的時候，兩個人必須輪流丟球。但換成對話，我們卻常常想辦法不把焦點還給對方。有時還會以退為進，不著痕跡的搶回發言權。根據戴伯的研究舉個例子：

喬許：我昨天晚上去看了那部新片！
丹恩：喔……
喬許：很好看，我真的很喜歡。
丹恩：那很好啊。
喬許：你看過了嗎？
丹恩：我看了，但不是很喜歡，演得有點假……（開始長篇大論剖析電影）。

丹恩回答得意興闌珊，一直到喬許把焦點放在他身上，問他問題，他才活了過來。丹恩可能沒有意識到，他其實在逼喬許交出對話的主控權。對很多人來說，掌控對話已經成了一種習慣。

對話的焦點落在誰身上，未必容易察覺。我們有時想搶回焦點，但掩飾得很有技巧，可能先講一句順應對方的話，再補上一句話講自己。比方說，有朋友分享最近升職的好消息，我們可能回說：「太好了，恭喜恭喜！我也要跟我老闆說說看，希望我也能升職。」

這樣的回應並沒有不好，但要記得把焦點轉回對方。如果一再聚焦在自己身上，兩人的對話就不平衡了。一直發球的結果，對方可能只想躲球，逃之夭夭。

把對話焦點拉回自己是人類本能

懂得你來我往，是深度對話的關鍵之一，但把焦點拉回我們自己，其實是人類本能。人們天生最愛聊自己，把其他話題當成其次。研究指出，我們在交談過程中有六成時間都在講自己，剩下的四成多是講第三人，**而不是正在談話的人**。有項研究顯示，「社交對話的時間，大多數是講自己的經驗或人際關係，或者講不在場的第三人。」[2]

這個本能有一部分是稱為「匯流資訊」（convergent information）的神經現象。聽到有人分享發生的事，我們的大腦會自動掃描記憶庫，尋找類似經驗。

在《腦力全開治療師》（*Brain-Wise Therapist*）中，邦妮．柏德娜（Bonnie Badenoch）寫道：「我看到你舔甜筒，兩個人大腦裡同樣的神經元會活躍起來，唯一的差別是，我是在心裡舔冰淇淋。」同樣的道理，聽到別人描述經驗時，我們的大腦也會彷彿出現視覺的刺激。[3]

腦島位於大腦皮層底下深處，負責接受訊息，再從自己的記憶庫找出相關經驗，為這個訊息提供背景知識。這個過程大致上是正面的，因為大腦想要理解所見所聞。

我們潛意識找到自己類似的經驗，連結到當下情況，再把成套的訊息傳送到位於大腦下方的邊緣系統。這時問題就來了。摻雜了自身經驗後，我們不但沒辦法進一步了解對方的經驗，反而扭曲了自己的觀點，曲解對方的對話或經驗。

假設你姐姐說她煮了一頓好吃的晚餐，你的大腦這時立刻搜尋類似經驗。她說用了蘑菇，所以你的大腦會尋找記憶庫，想到蘑菇的香味。她說不小心切到手指，你想到自己切到手的那次意外，還得到醫院縫合。大腦接著把所有匯流的資訊送往身體分析。想到蘑菇很好吃，嘴巴可能會跟著流口水。想到當初切到手的慘痛經驗，指頭可能又隱隱作痛。這些感官經驗又回到大腦吸收整合。過程又快又自動，我們通常察覺不到。

如果運作正常，這樣的生理反應能讓我們向對方展現同理心。我們可以想像姐姐做的晚餐有多好吃，手指被菜刀切到有多痛。

但偏偏有時候會出錯。說不定你的經驗跟姐姐不吻合呢？你也吃過俄羅斯燉牛肉佐蘑菇，但很難吃。說不定你的手指傷勢比姐姐的更嚴重呢？你的經驗一旦跟她不吻合，就會否定對方的評估（「沒有那麼痛啦！」），換上你自己的想法（「菜刀太危險了！」）。行為轉變專家朱蒂絲・瑪亭絲（Judith Martens）說：「我們想要了解別人的時候，常常會把對方的話套上自己的經驗。如果一直這麼做，等於是把對方當成**你自己**。但對方分明就不是你！拿自己的經驗來比較，**並非**真正了解對方的好開始。」[4]

同理心是本性，但可能被削弱

針對這一點，我聽到很多反對的聲音，幾乎每個人都說分享類似的經驗是顯示同理心很好的方法。但實際上，研究卻得出相反的結論。根據「馬克斯・普朗克人類認知和腦科學研究所」（Max Planck Institute for Human Cognitive and Brain Sciences）的研究顯示，自我會扭曲我們的同理觀，所以我們不善於評估自己是否真的有同理心。[5]

這項研究請一群受測者同時觀看蛆的影片，結果大家都能發揮同理心，認為其他人看到影片也會覺得噁心。但如果請一位受測者看小狗狗的照片，其他幾個人看蛆的影片，前者通常會低估後者的負面反應。研究撰寫人唐妮雅・辛格（Tania Singer）指出：「受測者如果感覺正面，在評估其他人的負面經驗時，會覺得沒有那麼嚴重。反觀受測者如果剛剛有不愉快的感受，就會低估其他人的正面經驗。」換句話說，我們往往從自己的感受與觀點出發，去決定別人的感受。

於是乎，生活對話也會出現這樣的問題。假設你和同事同時被公司資遣，這時用自己的感受來衡量對方的感受可能很準確，因為兩個人的經驗相同。

但如果你今天很開心，朋友卻剛剛被資遣呢？你這時不知不覺會拿自己的好心情當標準來評估朋友的感受。她說：「我心情好壞，身體很不舒服。」你可能會說：「別擔心啦，你不會有事的。我六年前也被資遣過，後來照樣過得很好。」你愈自在，就愈不容易感受到對方的痛苦。

同理心雖然是大多數人的本性，但並非沒有限度，就算在理想的情況下，有時也不容易維持。大多數人都看過報導，說人在實驗的情境中，會願意造成其他人的痛苦。最著名的實驗莫過於一九六一年耶魯大學的米爾格倫實驗（Milgram experiment）。受測者必須按鈕電擊另一個房間的人，而且電擊的力道會愈來愈大。受測者並不知道這項實驗是假的，完全沒有電擊這回事。

按鈕的最大設定寫著：「危險：強烈電擊。」但受測者接受指令後，有超過半數按下最高強度，並沒有受到對方在另一個房間哀嚎求饒的影響。其實，不需要實驗，我們也能證明同理心是可以被抹滅的。看歷史就知道，人類有太多冷血與暴行的例子，本書不必再深究。

同理心可以透過後天學習

從米爾格倫實驗可以清楚看到，外在因素能夠削弱我們展現同理心的能力，但有些因素可能讓人出乎意料，比方說，銀行帳戶裡的存款金額也會影響一個人的同理心。各位可能以為，窮人的生活窘迫，有時甚至危及生存，都已經自顧不暇了，所以應該最沒有同理心，但這麼想就錯了。

研究發現，人愈有錢，就愈無法正確辨識出對方的情緒。不管是看照片還是與人互動，有錢人比較不容易判斷陌生人的喜悅、愛意、焦慮等情緒。（交談也更可能無理待人，我認為這也跟同理心有關）。[6]

收入是這項研究的唯一差異點。研究負責人莎拉．康萊絲（Sara Konrath）指出：「不分性別與種族，結果都是如此。」康萊絲說，低收入者「在研究中更能正確展現同理心」。許多人以為教育程度與同理心正相關，但這點可能也未必正確。在這項大規模研究中，只有高中學歷的受測者更有同理心，分數比有大學學歷的受測者高出七％。[7]

這項研究有個環節特別有趣，研究請一組學生想像比爾蓋茲（Bill Gates）位在社經地位最高點。（這個不難想像，因為他的身價高達七百五十億美元，確實是處於金字塔頂端。）這組學生接著想像自己位於社經金字塔哪個位置。大多數人的社經地位遠低於蓋茲，故這組學生都想像自己的情況比其他人更糟。

另一組學生則必須想像某個人位在社經金字塔的底端，接著想像自己位在上方哪個位置。比起沒錢沒財產的遊民，大多數人的生活相對較好，所以這組學生想像自己的社經地位比別人高很多。

想像力實驗結束後，研究人員評估受測者的同理心。受測者看完陌生人的照片，必須從陌生人的眼睛判斷出情緒（是否能準確判斷別人的情緒，是一種常見的同理心測試）。結果證實，如果想像自己的財富地位低於蓋茲，亦即想像自己的處境遠不如人，更能精準辨識別人的情緒。如果把自己跟遊民比較，想像自己的處境遠高於別人，辨識情緒的得分就低很多。

受測者的財務狀況完全沒有改變，展現同理心的能力卻改變了。也就是說，光是把自己想得更有錢，同理心就可能降低。但想像自己比較窮，卻有相反的結果。

但值得注意的是，科學研究並非沒有局限，研究的範圍與深度都有限度。以這項研究為例，受測者集中在某大學的學生，並沒有觸及社會上最有錢或最貧窮的人。科學家通常會等到有多個團體做出多項研究，才會提出結論。即便是已經有多項研究，社會科學的研究結果依舊有限，因為實驗很難複製真實世界的情況。不過，這項研究雖然有局限性，但我覺得很發人深省，讓人懷抱希望。

因為從研究可以看出，同理心可以學習與培養。光是想像別人的處境比你好很多，就能提高同理心。正如康萊絲所說：「同理心的彈性空間比大家想得更大。」同理心能夠降低，也能夠提高，**可以透過後天學習**，這是最關鍵的重點。

大腦有一個區域叫右上緣迴（right supramarginal gyrus, RSG），負責掌控這種反應，讓我們覺得有同理心，克服科學家所謂的「情緒自我中心」。遇到我們以自我為中心的反應時，右上緣迴會察覺到，常常會修正我們的觀點。

但右上緣迴是非常複雜敏感的構造，受到五花八門的因素所影響，導致無法正常運作。就連趕時間這種小事，也可能使得右上緣迴專注在你自己的情緒，不管別人怎麼想。就如我之前所說，你愈開心自在，右上緣迴愈忙著聚焦在你的情緒上，也就愈可能扭曲對別人的觀點。

這種現象未必是壞事。遇到危險或工作趕著在期限前完成，當然先照顧自己比較重要，但如果「情緒自我中心」只在必要時才會出現，我們就不必談它對對話的負面效果了。

此外，我們怎麼解讀對方的情緒，也會被對方表達的字眼所影響，因為我們潛意識會自己加進自身的背景與經驗，為對方的字眼添加意思。專門輔導高階主管「軟實力」的溝通專家羅伯特・陳（Robert Chen）說：「如果你以為彼此說的都是英文，就一定懂對方的意思，那就錯了。你怎麼詮釋某些字，取決於你的環境和對它的經驗。」

這是大家常常溝通不良的原因之一。我們以為跟對方在講類似的經驗，但同樣的字句未必代表同樣的經驗。

關上嘴巴，多多傾聽

我花了幾年的時間才發現，我跟別人交談時，不懂得拿捏你來我往的道理。現在的我會更用心察覺自己想要分享經驗的直覺，去問對方問題，鼓勵對方繼續說下去。我也會刻意多多傾聽，少說一點話。

最近我有個朋友離婚，我們兩個在電話上聊了快四十分鐘，我幾乎沒說到什麼話。她最後說：「謝謝妳的建議，妳幫我釐清了一些頭緒。」其實，我並沒有給她任何建議，我只是說了類似像「難為你了，真是辛苦你了」的話。她需要的不是我的建議或經驗，而是一個願意聽她說話的人罷了。

跟萬事萬物一樣，這個技巧也有例外。我相信，有些對話需要你分享自己的經驗，但在大多數情況，把焦點又轉回自己身上對溝通並沒有幫助，甚至會讓對方很受傷。此外，選擇不講自己，絕對不會出紕漏。俗話說：「耳朵閉不了，嘴巴關得上。」道理在此。

8 別霸占肥皂箱

除非有人問我，不然我從來不會擅自給意見。我在演藝圈學到一件事，也可能是我唯一會給的建議，那就是：不要以為自己有經驗，就擅自給人建議。

——泰勒絲（Taylor Swift），西洋歌壇小天后

二〇一四年，我搬到喬治亞州，生平第一次成為美國南部人。我從小在加州長大，住過亞利桑那州、華盛頓州、密西根州、紐澤西州、馬里蘭州等等，就是沒有住過南部各州。雖然如此，我的族譜可以追溯到南方，有個祖先是喬治亞州一處農莊的奴隸，地點在梅肯市（Macon）東南方的米利奇維爾

（Milledgeville）小鎮，距離亞特蘭大（Atlanta）不到兩小時的車程。

翻開《阿肯色歷史文化百科全書》（*The Encyclopedia of Arkansas History and Culture*），看我曾祖母的傳記，就會發現她爸爸的名字是「無名氏」。[1]官方紀錄是這麼寫沒錯，但我們家都知道他是誰。蘇格蘭愛爾蘭裔的他，是我曾曾祖母安・范波（Anne Fambro）的主人，兩人於一八七二年生下女兒，名叫凱莉・李娜・范波（Carrie Lena Fambro）。後來奴隸制隨著南北戰爭走進歷史，據說他讓家中的混血小孩都有上大學的機會。

一八八六年，凱莉從亞特蘭大大學畢業，開始大力鼓吹黑人的教育權利。她以表演莎士比亞的戲劇來籌資，在美國南部成立第一座黑人圖書館。她在聯合學校（Union School）教書，也就是阿肯色州小岩城（Little Rock）的第一間黑人小學。這些故事的主角是我的祖先，我從小常聽人提起，現在也會跟我兒子分享。

從小到大，我常聽大人說，我們家是種族歧視的受害者。我爺爺獲頒奧柏林學院（Oberlin College）的榮譽博士學位時，決定帶著全家人同行，從洛杉磯開車到俄亥俄州。沒想到卻因為他是黑人的身分，大多數旅館不願意讓他們住宿。想改住黑人旅館也碰壁，因為我奶奶是白人。無計可施之下，他只好開了將近兩千四百英里的路，直接開到奧柏林（Oberlin）。

我的膚色不黑，但在南加州讀小學時，卻是學校第二黑的學生。三年級時，有個小孩罵我「黑鬼」，我連想都沒想，就朝他的眼睛揍過去，結果被叫去校長室。我還記得我站在外頭，心裡很害怕。我當時成績不錯，平常也不惹麻煩，要是校長找我媽媽來學校，她一定會氣得半死。沒想到校長卻對我說，如果還有人用那個字眼罵我，就打回去沒關係，說完就讓我回教室上課。

不用說，搬到喬治亞州時，我的心情自然是五味雜陳。我因為公務員的身分，在李將軍誕辰（Robert E. Lee's birthday）或南部邦聯陣亡將士紀念日（Confederate Memorial Day，後已改名為「州定假日」）可以放假，想想我的感受有多麼複雜。又或者開車在高速公路上，看到住家掛著邦聯旗，各位應該能了解我的感受。

意見不同，不代表不能傾聽

二〇一五年，南卡羅萊納州查爾斯頓市（Charleston）的以馬內利非裔衛理公會教堂（Emanuel African Methodist Episcopal Church）爆發冷血槍擊案，造成九人死亡，事後再度引發各界對邦聯旗的爭辯。我是記者，負責報導這個議題。我們在廣播節目中花了整整一個小時探討邦聯旗的歷史與意義，請來不同立場的來賓，其中有人認為邦聯旗是美國南方的象徵與榮耀，政府機關有權自由懸掛，紀念捍衛邦聯政府而捐軀的英勇士兵。

錄製節目之前，我花了一點時間整理思緒。我知道，贊成邦聯旗的來賓不可能會了解我的感受，他們也不知道我的家族歷史和個人經驗。但我也必須承認反之亦然。

此外，我不希望有所隱瞞，認為聽眾有權利知道我的立場，所以節目一開始，我講了下面這段話：

> 我先開誠布公，希望大家知道我對這個議題的態度。我是混血兒，祖先以前是喬治亞州某個農莊的奴隸。我沒辦法假裝對邦聯旗的議題沒有偏見，因為邦聯旗對我來說，代表了虐待、壓迫和奴役。
>
> 但我同時是專業記者，歡迎不同立場的人抱持開放真誠的態度來討論。我的工作不是要制定公共政策，而是要提供給各位所有相關資訊，讓各位盡可能客觀的做出結論……。依照慣例，我們節目不但希望各位留言，更期盼大家加入討論。

進入職場多年，那幾次訪談是我主持過最困難的。有些人說的話讓我很受傷，我常常會有打斷對方的衝動，但我還是保持專業，維持好奇心，最後自己也有不少收穫。事後，我跟邦聯退伍軍人之子協會（Sons of Confederate Veterans）的會員暢談，雖然我不認同他們的看法，卻也比較能夠了解他們的立場。

我們雖然對邦聯旗的**看法相左**，卻不會因此就無法交談，也不見得每件事都意見不合。此外，意見相左不代表不能傾聽彼此的心聲。想要深度對話，有時必須先放下成見。天底下沒有一種信念根深蒂固到極點，讓人無法暫時放下，試著從對方學到東西。別擔心，聽完對方的話之後，你的信念不會不見。

小心無意識偏見

大多數人都一樣，我們要是覺得對方心胸狹隘，就會避免跟這種人交談，認為他的教育程度和智商不如我們，所以看世界的角度不如我們寬廣。

但這樣也暴露我們自己的偏見。

我們以為自己的腦筋比別人更聰明、讀的書比別人多，心胸就比較開放，但研究指出，愈聰明的人，愈容易有偏見。研究指出：「認知能力愈強，偏見的盲點愈大。」[2]

這就是所謂的無意識偏見或內隱偏見，會影響我們的判斷力，但我們卻不自知，有時甚至掌控不了。這類偏見是刻板印象，可以是正面，也可以是負面，會左右我們對對方的看法。有意識的偏見常常會形成我們的好惡選擇，例如，你比較喜歡被稱呼為「先生」，還是穿著正式的服務生。無意識偏見較難改變，因為我們不知道自己有這個毛病。

各位可能會說，承認自己有偏見總可以吧，努力克服就好。這麼說雖然沒有錯，但卻沒有證據顯示，自知有偏見的人比沒有自覺的人更能夠克服偏見。不管你對某個議題再怎麼深思熟慮，左右思維的偏見還是有很多，你無法全部了解。之所以稱為無意識偏見是有道理的。

我想強調的重點是，你可能不想跟有種族歧視的人交談，卻沒有發現自己是偽君子。你覺得對方充滿成見，不值得交談，但你自己可能也半斤八兩。我們每個人都有偏見，不分種族、性別、所得、宗教。

跟人對話，只是想揪出對方的成見，卻不知道自己也有偏見，這不是很自以為是嗎？我是皮膚偏白的混血兒，所以常常有機會目睹其他人的無意識偏見。有一次主持小組討論，主題是作家詹姆斯・鮑德溫（James Baldwin），與會者有三名非裔美籍教授。席中，有位教授講到歐巴馬的「黑人血統」，我聽了指出：「別忘了歐巴馬是混血兒，所以有一半是白人血統。」

在場觀眾大多數是黑人，這時只見這名教授轉向大家，做了一個鬼臉，手指著我說：「要我解釋給她聽嗎？」我等大家的笑聲停了，才回說：「我是混血兒，所以能了解這樣的家庭必須平衡白人和黑人文化。」他開玩笑的大叫：「你陷害我！」我說：「是你陷害了你自己。」

沒有人敢說這位名教授的智商不高或教育程度不夠，但人人都有偏見。就算讀過書、智商高，我們還是免不了會有刻板印象。

反彈效應

一場真誠而彼此尊重的對話，目的在於敞開心胸，而不是改變立場。實際上，要人改變想法有如不可能的任務。

喬治亞州立大學與密西根大學曾經做過一項研究，選定某個爭議性高的政治議題，讓受測學生看一系列的假新聞，事後再提供一篇正確文章，解釋先前幾篇報導是錯誤的。但結果出乎研究人員的意料，受測學生看了正確的新聞後，反而更相信假新聞的內容。

美國自二〇一六年總統大選以來，「假新聞」這三個字就不時出現在媒體上。教宗方濟各（Pope Francis）支持川普當選是假新聞；希拉蕊競選團隊有人經營雛妓賣淫集團，密碼是「披薩」，也是假新聞。假新聞的可怕在於，一旦看了就可能深信不疑，很難矯正過來。

這個現象稱為「反彈效應」（backfire effect），發現自己對某件事的看法錯誤時，往往更堅信不移。這個過程是不自覺的，不會有人說：「我知道我錯了，但我偏偏要繼續相信下去。」之所以稱為「反彈效應」，是因為修正錯誤的資訊時，可能造成反彈，使人更堅決相信錯誤的觀念。

各位可能覺得，克服這個問題似乎不難，做點研究就能明辨是非。但事實上，研讀某個主題似乎沒有幫助。我們如果對某個主題非常了解，常常更容易認為自己知道哪個觀念是對的，接受支持這個觀念的資訊，就算是錯誤資訊也照單全收。

著有《任何人都會有的思考盲點》（*You Are Not So Smart*）的記者大衛．麥瑞尼（David McRaney），在書中寫到一項針對一九七〇年肯特州立大學流血衝突的研究。當年學生因為不滿越戰而示威抗議，遭到國民警衛隊開槍，導致數人死傷。「萬萬沒想到，」麥瑞尼說：「研究發現，受測者對這件事的認識愈深入，就愈堅持己見，不是愈站在國民警衛隊那邊，就是愈支持抗議學生的立場。如果對事件只有基本認識，在評估證據時，受到的反彈效應比較小。在反彈效應之下，原本對這件事已有想法的人會離灰色地帶愈來愈遠。」[3]

正因為如此，陰謀論信者恆信，就算有再多反證也說服不了他們。正因為如此，還是有人堅信歐巴馬不是美國公民，或是美國太空人從來沒有登陸月球過。也正因為如此，請不要覺得對方想法錯了，便一心想糾正他，這樣只是浪費時間。

但也有好消息。進一步研究後可知，反彈效應可能屬於偶發事件，並不如之前所想的普遍。有兩位政治學家在一項研究中想要重現反彈效應，發現受測者只有在一個主題上排斥接受糾正，那就是「伊拉克的大規模毀滅性武器」。在其他議題上，受測者幾乎都願意傾聽、也尊重正確的資訊。或許，這個世界終究不是處於「後真相」時代吧。

值得注意的是，這項研究的受測者大多有很強烈的政治意識形態，只相信支持的論點，認為反方是無稽之談。這項研究的負責人是喬治華盛頓大學的伊森．波特（Ethan Porter），他接受波因特媒體學院（Poynter Institute of Media Studies）訪問時說：「受測者的反應還是會有差距，大家依舊堅持自己的政治信念，只是固執己見的情況不如一般所想的嚴重。」[4]

也就是說，大家可以放心一點了，為了政治而吵架，原來也可以就事論事，不必建立在成見上。但政治這種事值得吵嗎？你跟某個人針對某個敏感話題吵起架，對方有哪一次說：「你說的對，是我錯了，謝謝你的指教。」這種事從來沒發生在我身上過，一次也沒有。

但有些爭論則不同，如果處理得當的話，反而能激盪出火花。蘋果共同創辦人賈伯斯曾說，他旗下的員工每次意見不和，往往能激發出創意。「這群人都很有才華，大家針鋒相對，」他說：「有時候還會吵架，這樣有時爭吵、有時合作，等於互相琢磨個性，也琢磨出點子來。」[5]

那麼吵起來該怎麼辦？首先，如果彼此的氣氛緊張，最好盡快解決。緊張氣氛通常會隨著時間遞增。

想像你正在舞台上演戲，演到一場劇情高張的場景，結果女主角的假髮突然滑下來。這時實在不能不處理，不管對話有多精采，觀眾已經聽不到她說的一字一句了，他們的心思都在假髮上。

更好的做法是，一邊把假髮扯下或者戴好，一邊說：「可惡，頭髮每次都亂跑。」她必須公開承認有東西出錯了，再盡全力修正錯誤。關係出現了緊張狀態也是如此，如果放著問題不管，問題還是存在。

避免爭吵，才能激出最棒的對話

不要因為怕起爭執就避開對話。如果眼看著兩個人就要吵起來，就好好面對，盡可能吵出好結果。有幾個簡單的做法：

1. 對事不對人。不要提到對方的缺點，或說「你每次都這樣！」或「你知道你的問題是什麼嗎？」這種話。

2. 想想怎麼解決問題，而不是把焦點放在你不喜歡哪一點，或哪一點讓你生氣。好好吵架，不要只是抱怨而已。

3. 願意讓對方吵贏。找到對雙方有益的解決方法比較重要，你未必一定要吵贏。

對話如果動了脾氣，自然會起爭執。在乎某個議題、看重它的發展結果，這樣的想法並沒有錯。但熱情過了頭，卻有可能造成誤解，傷了感情。爭吵是下下策，避免爭吵才能激發出最棒的對話。

每次對話時，尤其遇到觀念與對方相左的時候，不妨自問：你希望從這場對話中得到什麼收穫？希望對話有什麼結果？希望離開時帶著什麼情緒？是生氣、沮喪、懊惱嗎？如果改變不了對方的心意，目標就應該是自己可以從中有所學習。對方從對話中得到什麼收穫你並無法控制，但你可以掌握自己的心得。

身為記者，我必須學會敞開心胸對談，這點並不容易，需要經過訓練和大量練習，而且通常是從錯中學。有些問題該問卻沒有問，因為我自以為有答案；有些人該訪談卻沒有訪談，因為我自以為他們的說法對報導沒有參考價值。我曾經重複練習訪談技巧，被教練指出我有時是表達個人意見，有時又直接插話，讓對方沒有機會表達看法。

不管你多麼堅持己見，請先問自己幾個簡單的問題：「要是對方是對的呢？為什麼他們會那麼想呢？」

只可惜研究顯示，很多人對這樣的對話能避則避。美國過半數民眾說，大多數朋友會談到自己的政治觀點，但遇到可能會起爭執的議題，就不願意討論。[6]皮尤研究中心稱這個現象是「沉默螺旋理論」（spiral of silence）。除了網路酸民以外，大多數人不管是在社群媒體還是面對面，通常不願意分享政治觀點，除非他們約略知道其他人的立場相同。[7]

這個現象充斥在我們生活周遭。不管談的是氣候變遷、難民、墮胎，還是恐怖主義，我們寧可跟同溫層的人取暖，希望聽到支持我們論點的新聞，看不慣朋友的貼文就把他排除在朋友名單外。換句話說，我們都不喜歡改變觀點。

因此，我們不單只接受立場相同的資訊，還只跟立場相同的人往來。幾乎每天都見得到面的同事，觀點可能跟我們截然不同，但除非彼此誠懇而文明的對話，不然我們又怎麼能說真的了解他們呢？如果不跟眼前的人好好說，又如何解決複雜的問題？

這個問題不只存在於客廳和辦公室而已。美國國會因為不肯對話，過去十年交出乏善可陳的成績單，第一百一十二屆國會甚至只通過兩百八十四條法案，創下一九七三年以來新低。國會議員針對法案投票時，以前偶爾還會拋下黨派之見，甚至不惜與黨主席持相反意見，但曾幾何時，國會投票卻有明顯界線，議員絕大多數以黨派為依歸。會出現這樣的轉變，有人認為國會議員缺少互動是原因之一。

民主黨人與共和黨人以前會一起出席派對、出去用餐、聚在一起小酌，配偶也彼此認識，小孩會參加彼此的生日派對。即使不同黨派，大家會彼此交談，但這種情況現在已經很少見了。

美國的政治、文化、社會如今停滯不前，我們把全國人口劃分成兩個團體：我們（同溫層）和他們（異溫層）。只跟意見相同的人對話，等於自絕於新觀點、新發現、新資訊之外。

我不是要大家勉強跟滿嘴仇恨的人對談，也不是要大家被情緒霸凌，我的重點是，對方支持你討厭的候選人，並不代表你們就事事不對盤，找不到共通點。對方對於稅法有強烈意見，不代表你們沒有交集，無法分享育兒經或討論球賽。

每個人都有值得學習的地方

著名治療師史考特·派克（M. Scott Peck）曾經寫道，真正的傾聽需要放下自我。「說話者感受到傾聽者的認同，脆弱感會逐漸降低，更願意為傾聽者敞開心房。」[8]

放下自我，等於暫時拋開自己的想法、信念、成見等等，這樣才能成就一場言之有物的對話。

我當了二十多年的記者，學到很重要的一課是：每個人都有值得學習的地方。如果能夠說服自己，不把對話當成是宣揚己見的機會，你一定會很意外，原來可以學到很多東西。拋開自我後，自然有空間容納湧入的資訊，傾聽到許許多多的知識、見解、經驗，可能一時還會招架乏力哩。以前只忙著高談闊論，不管別人的說法，如今都能聽進耳裡。每次與人對談，如果都能假設有東西值得學習，就絕對不會失望。

想要抒發個人觀點，請寫部落格；想要好好對話，那就把個人主見擺在一旁。談著談著，你可能會發現沒必要堅持己見了，也可能發現，對話品質已經更上一層樓。

9 說得多不如說得巧

一個錯字、一個贅字，看的人恐怕會開始思緒游離，想著待會還得去買紙巾。言簡意賅太重要了。如果你準備發表長篇大論，一定要有充分理由，不能只是仗著你喜歡自己的文字。

——派翠西亞．馬柯斯（Patricia Marx），作家

各位知道嗎？公共廣播電台的訪談時間大多只有五分鐘。聽起來不覺得短，是因為內容的資訊含量大，但其實時間很短。電台主持人史提夫．恩斯奇（Steve Inskeep）針對經濟政策訪談民主黨參議員伊莉莎白．華倫（Elizabeth Warren），時間比烤冷凍披薩還要短。

節目訪談往往會編輯過，節奏明快，生活對話可能永遠比不上，但也不必跟向霸占議會發言台一樣，講到天荒地老。對話保持簡短是一門學問，不容易，卻很值得。如果你有重要的事要說，而且要對方記住，就要講得簡潔明快。

人的注意力不到一分鐘

人的注意力有限，第二章曾經提過，我們的注意力多年來一直下降，現在的容量據信跟金魚差不多（而且實際上，金魚的注意力其實還比現代人多一秒）。一般人在休閒時間閱讀或上網，注意力只有短短的八秒。

如果專心在一項工作上，注意力雖然會拉長，但還是不理想。芝加哥大學的研究團隊研究注意力的方式不一樣，他們追蹤上班族的工作習慣，請他們每次打電腦轉換工作或換到新網頁時，就重新設定計時器。他們在二〇〇四年展開研究，那年一般人的注意力是三分鐘。二〇一二年，他們又做了一次研究，發現平均注意力降至一分鐘十五秒。到了二〇一四年，注意力又下降到五十

九．五秒。[1]

大多數研究人員認為，這個現象的肇因是科技；年輕人本來就容易覺得無聊也是原因之一。十八到二十四歲的年輕人很少長時間專心在一件事情上，其中近八成有邊看電視邊玩手機或平板的習慣。他們可能認為自己在一心多用，但其實這是自我感覺良好。

注意力下降的影響深遠。能不能專心跟健康有關（運動時間可以持續多久？在廚房煮飯花了多少時間？），也會影響人際關係（我們對其他人有多少耐心？能否專心聽對方說什麼或注意對方做什麼？）。注意力甚至還跟智商有關。智商除了取決於我們的所知之外，另一個決定因素可能在於，大腦專注在某件事時，能否忽略不重要的事。[2]

但專注力短未必不好。根據密西根州立大學一項研究報告顯示：「消費者上網的專注時間變短，但注意力強化，因此短時間能夠完成更多事項，記憶也更有效率。」也就是說，花幾分鐘專注在一件事情或許不是我們的強項，但我們在短時間內的專注力卻愈來愈集中。生活中到處都有事情讓我們分心，能夠迅速轉移注意力是一種寶貴資產。

正因為如此，說話習慣天馬行空的人，更需要懂得把話講得更簡潔。說話的內容愈重要，就更應該言簡意賅，讓對方在有限的專注力中聽進去。

我的前夫以前常說，我會把我們幾年的關係濃縮到一場對話裡。我們以前的對話常常是我在抱怨他的不是，但抱怨的力道卻弱化了，因為我想到什麼相關事件就講什麼。我應該講得更簡潔有力才對，這樣才能達到效果，不會讓他覺得我每次說「我們需要聊聊」時，都在列出他過去犯了什麼錯誤，一講就是四十分鐘。

在工作場合中，我學到要把員工叫到辦公室開會時，只討論一件具體事項，頂多兩項。會中，我會列出討論主題，盡可能簡短陳述，問對方有沒有問題，然後便結束會議。我發現開始這麼做之後，大家開會更準時了，互動增加，也更容易帶著正面的心態來開會。開每週例會時，發言簡短講重點，有可能再也不必買甜甜圈賄賂員工。最重要的是，我發現員工更容易記住討論的細節。

但這不是說，對話一定要限制在一分鐘內，但是講到八秒以上是一定要的。不過如果講得沒完沒了，對方可能聽不下去，注意力開始飄到其他地方，你只是在浪費自己和對方的時間。

對話重質不重量

溝通專家艾倫．韋斯（Alan Weiss）說：「一般人在對話時，往往有知無不言的習慣，」而不思考內容有沒有必要。[3]每次開口之前，先想一想這次對話的目的，講完該講的事情後，要抑制滔滔不絕的欲望。對話就跟人生許多道理一樣，重質不重量。

我也知道，並非所有對話都是有條有理，可以事先規劃的。生活中的對話之所以比寫電子郵件更有意思，在於對話沒辦法預測，講究臨場發揮。太制式的對話彷彿機器人，只講事實，沒有潤飾或不帶情緒；太隨性的對話則會出現長篇大論，一開始聊的是狗食，不知不覺就花了十分鐘講高中讀到的小說細節。過與不及之間，仍有很多發揮的空間。

相信大家都有過這樣的經驗，發現自己講個不停，言不及義，看到朋友開始放空。對話要持續多久，決定在場合情境，而且長短差異很大，但不管是哪一種對話，應該取決於雙方才對。

也就是說，一定要察言觀色，注意對方釋出的訊號。對方的注意力是不是下降，需要休息一下？肢體是否往你相反的方向偏，甚至倒退一步？對方的眼神是不是經常飄走？是不是偶爾就插嘴幾個「嗯哼」或「是啊」，暗示你趕快把話講完？從這些跡象都可以看出，對方的注意力已經飄散了。

別忘了，對話是一場拋接球的遊戲，彼此都願意玩才有意思。話講得簡潔是貼心的表現，因為對方可能基於禮貌，或者不想傷你的心，所以才沒打斷你或走開。請禮尚往來，不要濫用對方的時間和耐性。

對方講個不停怎麼辦？

但如果是對方滔滔不絕，那又該怎麼辦？你的眼神已經放空，雖然知道對方總有講完的時候，但此時此刻**感覺**就是看不到盡頭。

這樣的情況我幾乎每天都會遇到，但並不是說對方的話匣子停不了，而是因為我結束訪談、關掉麥克風後，通常只有幾分鐘的空檔，就得再回到節目現場。我需要趁這段空檔整理思緒，才能恢復精神和專注力，準備下一場訪談。如果有來賓想要一直聊下去，就算內容很有意思、互動很好，我還是會說：「真的很對不起，我很想繼續聊下去，但是不是之後再約見面聊，我還要回到節目現場，現在沒辦法聊天。」

因為工作的關係，我還有藉口，但日常對話怎麼辦？比方說，我最近搭飛機的時候，鄰座的女乘客還沒坐下，便開始跟我聊起來。她剛剛去看新出生的孫子，想跟人分享喜悅。

正常情況下，我會很樂意聽她分享她的奶奶經，連連稱讚她的照片。只是那一天我實在累癱了，如果聽她一直講下去，我恐怕只會愈來愈煩躁，所以我等到機會便插話說：「妳這一趟一定很開心，我很想聽妳分享，但現在腦筋有點打結，不好意思，可不可以讓我閉上眼睛休息一下？」她於是沒再說下去，讓我安靜休息。下飛機時，我請她讓我看看孫子的照片，真心謝謝她讓我有機會休息。

有時禮貌跟對方說一下，就可以躲開，有時卻沒辦法。如果對方講個沒完，你真的逃不了，千萬不要脾氣一上來，無禮的要對方住嘴。寧可忍住氣，繼續聽下去，說不定能從中學到新東西，或是快樂聊個幾分鐘。

對話需要時間與耐心，這也正是對話的價值之一。有些人需要多一點時間才能明確表達想法，如果你專心聽，給予回應，常常能有寶貴的收穫。等待是值得的。

若對方一直賣關子，你也可以直接問重點，讓話題回到正軌。你可以說：「你回到家後發生了什麼事？」或「你太會賣關子了，趕快講結局。」別等到你已經受不了，說錯話，才事後後悔。想要有禮貌的打斷對方，或請對方講快一點，你自己也要有正面的心態。

如果真的受不了，連一句話也不肯聽，我建議你直接說出來。前幾天，我兒子跟我說到一款新的電玩遊戲，我說：「我現在心情不好，可不可以先不要跟我說話？我知道對你不公平，可是我現在只想生悶氣。」這小子怎麼回答呢？他說：「隨便妳啊。」

說得精簡，更能有效溝通

精簡，不但是聰明的象徵，也是有效溝通的必要工具。跟其他原則一樣，這個技巧也有例外（這句話大家應該聽膩了吧）。並不是每一次聊天都要精簡，跟朋友坐在沙發上，聊個好幾個鐘頭，彼此覺得很盡興，相信許多人都有這樣的經驗。在生活中大部分的對話都不屬於這個範圍，大多數情況下，不妨事先針對內容做好準備，過程中注意時間。說得精簡，通常就能說得漂亮。為了不自打嘴巴，這一章就到此結束吧。

10 說話不跳針

溝通這門學問，內容愈重複，反應愈冷淡。

——威廉・伯恩巴克（Willian Bernbach），美國廣告大師

去年，我有次召開全體員工會議，跟所有製作人討論節目的日常運作，哪些地方很順利，哪些地方該改善。我還沒有讓大家發言，就有個年輕的女製作人開口說：「你太常批評大家了！我一出錯，你就把我批得一無是處。」

我聽了很傻眼，我一直以為自己很注意不輕易給負面評論，甚至還在桌上擺了記事本，記下我跟員工的對話，目標是每天給每個人至少兩個正面回饋。

我這麼重視她的工作，為什麼給她的感受卻很負面呢？我請她解釋，她才提醒

我幾星期前發生的一件事。

她當時安排一位教授接受我的電話直播訪談，討論投票率的事情。但等到那位教授上線時，卻聽到很多雜音，收訊很差，有幾次完全聽不到教授在說什麼。

「他的線路怎麼了？」在現場節目中，我們有個線上聊天視窗，可以彼此溝通，我打了這句話。「上節目時，我們已經檢查過兩次，聲音很清楚，」製作人回答。「但音質很糟糕，」我又打了一句話。「我知道，」她回說。

節目結束後，我走進控制室，又問了幾個問題。「剛才是怎麼了？」我說。製作人回說：「那條線路我檢查過好幾次，明明沒有問題。」「可是現場聽起來很糟糕，」我說。「我在節目開始前檢查了兩、三次，都很正常，」她回答。「節目中我有幾度根本聽不清楚他在說什麼，」我說。「我知道，」她回。

各位應該可以看出，我不只一次明顯批評她的錯誤。我們兩個人都知道，訪談並不順利，但她為什麼事後會覺得大受打擊呢？簡單說的話，是我一再重複。我講了好幾次「很糟糕」，只是字眼不同罷了。她是那段節目的負責人，所以我每說一次，就等於打她一次。我們兩個（以及在座其他人）都知道問題存在，我卻一直重複，害她更尷尬。

那次會議後，我開始注意到我常常會重複負面的回饋，影響到員工士氣。如果不是這位製作人提出，我可能一輩子都不會想到，說的人重複一個問題，聽的人可能會覺得是批評。

演講時不斷重複某些觀念有時效果會很好。政治人物就常常換句話說，重複某些字句，這些字句叫做話題點，就跟廣告標語一樣有效，所以政治人物喜歡掛在嘴邊。「福利女王」、「涓滴經濟學」、貪婪的「百分之一」等等都是例子。

但在政治場合中一直重複，有時也會產生反效果。馬可．盧比歐（Marco Rubio）在二〇一六年共和黨總統候選人辯論會中，重複了四次「我們可別誤以為歐巴馬不知道自己在做什麼。他很清楚自己在做什麼。」有些分析師挖苦他在「跳針」。

大家可以笑魯比歐，但大多數人在生活中其實也會這樣，不自覺重複同樣的話。字眼可能不同，但內容卻一模一樣。

我記得兒子有次跟人打架，我找他來了解狀況。事發經過是，有個同學在操場罵他，一直搶他的球。我兒子忍無可忍，推他一把。「你這樣就錯了，」我說：「本來是他不好，可是你一出手，就是你的錯，變成你站不住腳。」

他接著說他被叫到校長室，還要寫一封道歉信給對方。「你不應該推他的，」我說：「如果你不隨便發脾氣，倒楣的就是他。」他又說，他被罰幾天午餐被留下來，而且老師希望跟我懇談。「都是因為你出手打人啊，」我說。他突然頂嘴：「知道了啦！你已經講幾百遍了！我又不是笨蛋！」

看到他又發脾氣又頂嘴，我大可再繼續講道理，但我忍下來了。因為他說得對，我重複太多次了（那時候他還小，聽媽媽唸個不停還會生氣，現在只會當成耳邊風）。我相信有很多小孩（和配偶）不肯仔細傾聽，正是因為「聽到煩了」。像我就是同樣的觀念換個說法，講了一遍又一遍。

重複，就好比對話在原地踏步，不但無聊，對話也沒辦法進行下去。

重複說同樣的話，別人不一定記得住

我們有時以為重複某個資訊就能記住，畢竟我們從小接受的教育是，重複才能學起來。學外文時，我們會製作學習圖卡幫助記憶。我們會重複歷史上的重大日期，像是：路易斯安那購地交易案發生在一八〇三年，路易斯安那購地交易案發生在一八〇三年。每次有大考時，我們會熬夜惡補，狂背人名、日期、方程式等等，背得腦筋快打結。

這樣重複之所以有助於記下新資訊，有個很重要的原因：重複資訊的人是你。研究指出，重複某件事很多次，記住的機率便會增加。[1] 如果對別人重複這項資訊，自己更有可能記住這項資訊，但聽的人卻沒有這樣的效果。也就是說，在開會時將截止日期向團隊成員重複四次，你可能記得很熟，但其他人記起來的機率可能跟只聽一次一樣。

此外，重複對記憶的好處也有限。二〇一四年，加州大學爾灣分校有兩位神經生物學家研究重複對學習的效果，結論讓人跌破眼鏡。兩人請受測者觀看物品的照片，例如太陽眼鏡、咖啡杯等等，每張照片至少出現三次。接著，兩人再讓受測者看更多照片，請他們指出有哪些物品在上一批照片出現過。但研究人員這次穿插了「誘餌」，亦即跟原物品類似，但又沒有在第一批照片裡的物品，例如原本是現代電話，這次改放傳統電話。實驗結果發現，受測者常常辨識不出誘餌，堅持這些物品出現在第一批照片裡，但其實並沒有。[2]

研究人員稱這個現象是：只知大意，忘掉細節。辨識街角就是最好的例子。這項研究顯示，如果常常經過某個街角，之後遇到模樣差不多的十字路口，反而更容易分辨不出來。如果要為另一半指點方向，問題就來了。她可能會問某個街角是不是有藥妝店，你的記憶可能就不太準確。

重複的效果也可能降低。第一次讀某個東西，我們可以記下很多資訊。但根據心理學家亨利．羅迪格（Henry Roediger）與馬克．麥克丹尼爾（Mark McDaniel）的說法：「再讀第二次時，你會覺得『我已經讀過一遍，我知道了。』所以沒有深度消化或從中擷取更多資訊。再讀一次的速度通常很快，而且會騙人，讓人誤以為對資料很熟悉，其實還是有漏洞。」[3]相信大家都有這樣的經驗，一邊聽著對方重複這重複那，但心中卻想著「我已經知道了」。聽第一次還有用，但第二次、第三次……就沒什麼幫助了。實際上有研究顯示，重複重要的資訊有可能讓人充耳不聞，而不是幫助對方記下來。

重複可以讓我們**以為**對資料很熟悉，但第一次讀完後（或對話中聽人重複過後），我們的注意力會開始飄走，對那份資料的記憶也愈來愈不準確。這點應用在對話中相當值得注意，因為我們在對話中常常重複說過的話。同樣一件事聽了第二遍、第三遍，對方會覺得『我已經知道了』，於是不再聽下去。

大多數人就是怕對方沒聽到，才會重複說，但是重複又會讓人不想聽下去，這不是很矛盾嗎？你要同事下午四點把報告準備好，可是看他好像沒聽進去，所以換個說法：「如果四點還沒好，我就沒辦法寄給老闆。」但同事又沒有回應，你不放心，所以再說一次。

問題是，對方沒有說：「好，我聽到了，」並不代表他沒聽懂。有些人聽到重要資訊時，未必會進一步確認。大多數時候，並沒有必要重複說。

這樣的場景經常在生活中上演，比如說叫小孩去遛狗，或叫先生修理漏水的水龍頭，說法可以有好幾十種。對方可能繼續盯著電玩螢幕或是美式足球賽，沒有正面回應，你只好換句話說。但他們把你的話當耳邊風，有可能正是因為已經習慣你同一件事講好幾遍。

了解自己為何會碎碎念

注意自己重複的次數，思考背後的可能原因。是你感覺沒有得到對方的正面回應嗎？對方過去有食言而肥的紀錄嗎？是現場有太多讓人分心的事物嗎？（小孩在玩電動，你卻想跟他交代重要的事，可能就不是很恰當。）還是你有講話碎碎念的習慣？

花幾個禮拜的時間養成習慣，在回應對方的話之前，先停一兩秒。避免重複說過的話，花一兩秒想新的話題。甚至可以請朋友幫忙，在你重複時提醒你。我要兒子在我每次重複時，說一聲「講過了」。聽了幾十次之後，我漸漸戒掉這個壞習慣。

幾年前，我訂了一個新年新希望，期許自己在對話中不重複同樣的資訊，本來以為很簡單，沒想到只維持了兩個星期。

就像減重時要寫下飲食日誌，一開始還覺得自己知道吃下哪些東西，記下來似乎沒有什麼用，但把每一包零食、每一把巧克力球、每一罐汽水都記下來，這才知道其實你對自己吃下的東西沒有概念。

重複，也是同樣的道理。我開始記錄後，才發現其實不知道自己常常重複。重複說過的話，有可能是對話自戀症，原因可能是想要維持對話不中斷，卻沒有其他話可以說。這個情況在職場很常見，想必大家都有這種經驗，開會時有人想要繼續說下去，卻又沒有其他事情可以說，只好重複說過的話。這種會議開起來除了痛苦之外，其實沒有效果。開會如此，我們又何苦在生活中重蹈覆轍呢？

臨時抱佛腳

許多人都記得，以前要準備學校考試時，會使用學習圖卡等重複性的學習輔助工具，挑燈夜戰，猛灌咖啡提神，還以為這樣讀書可以考高分。然而最新的研究顯示，重複背誦人名或數字其實記不住。如果想要熟記某件事，「間隔重複」是最好的方式。

「間隔重複」是一種聰明的記憶法，把重複練習的時間隔開。有些大主管認為這套記憶法非常管用，醫學系學生、甚至是有輕微失憶症的病患也受益良多。有個高人氣的軟體叫 SuperMemo，藉由間隔重複的方法，讓人記下單字、詩句，或是自己想要記憶的資訊。[4]

我是這麼用的。我很不會記人名，所以第一次聽到對方的名字時，我會立刻重複，過了一分鐘後再重複一次。如果我在對話中能提到對方的名字四、五次，同時每次間隔一點時間，我就比較容易記住名字。（不過還有進步空間，我每次想到人名，腦筋就會空白一片。再次先預告，我們以後如果有機會見面，我有可能想不起你的名字，希望各位能原諒。）

同樣的原則也適用於職場。假設你要向同事傳達三個重點，不妨開會時就開門見山（「今天有幾點要報告」），然後逐項說明，最後再重複一次（做個總結，重點如下……）講得有條有理，留點時間再重複，同事更有可能記住你的報告。

重複常常又無聊又沒有必要，而且會產生反效果。對說話的人有助記憶，但對聽的人幫助有限，所以才會成為對話殺手。為了避免對方左耳進右耳出，唯一的方法是：注意自己說的話。先聽聽自己說出的話，說不定會大吃一驚，發現自己是跳針代表。

11 這是個好問題

好奇的人不笨，不問問題的人一輩子傻傻分不清。

——奈爾．德葛拉司．泰森，
知名科普節目主持人

記者有個訪談的老招數，可以讓受訪者的回答更豐富，那就是將問題加入下面其中一個關鍵詞，包括：何人、何事、何地、何時、為何與如何。這就是所謂的開放式問句。各位在工作面試或約會時可能聽過這樣的問句，或自己也問過。開放式問句厲害的地方就在於，沒辦法簡單回答是或不是。簡單的一個問題，常常能得到複雜的回答；同理，問得再詳細，也可能得到一句回答而已。

比方說，我訪談一名龍捲風受災住戶，問對方：「風速每小時超過一百英里。你們家看起來被撕裂成兩半。你當時會害怕嗎？」對方的回答很可能是：「是啊，很害怕。龍捲風很恐怖。」

但如果我問對方：「住在離龍捲風中心這麼近的地方，是什麼樣的感覺？」對方的回答就會比較多了。我也可以問：「你聽到什麼聲音？」或是「你當時心情如何？」這些都是開放式問題，可以開啟討論的空間，讓對方有機會用自己的話描述事發經過。用「害怕」形容對方的感覺，說不定並不正確，但如果是開放式問句，對方就更能講出自己的經歷。

我除了電台節目的工作之外，生活中也會刻意運用這個技巧。相信大家都會遇到小孩不想談論在學校發生的事，我也不例外。但我已經學會問開放式問句，像是「歷史課發生什麼事了？」或是「老師說了什麼？」當然，他有時候只會回答「沒事」，但通常的情況是，兒子會擠出幾句回答。

封閉式問句（通常回答是或不是）也是重要的工具，在許多不同情況下很有用。「你的手機故障了嗎？」「要不要搭便車回家？」等等，只是兩個簡單的例子，可以用是或不是、好或不好來回答。跟其他對話原則一樣，情境是關鍵，沒有一體適用的建議。想盡快取得資訊，封閉式問句最適合，問得具體直接，能夠快速得到答案。

但封閉式問句還有一個特點：問的人通常可以藉此掌控對話。開放式問句則是把掌控權交給回答的人（用拋接球來比喻，問開放式問句，等於把球丟給對方）。對方聽到「為何」或「如何」的問句，可以決定要花很多時間回答，或是簡短回答。

真誠提問可以開啟對話

我搬到亞特蘭大，準備在喬治亞公共廣播電台（Georgia Public Broadcasting）開新節目時，有一小群聽眾很不滿，抗議我們的新聞節目擠下學生製播的音樂台。有個男聽眾特別誇張，每天會寫信來罵我，有時還會在推特批評我和電台。

我請他一起吃午餐，但老實說，我事前心裡有點緊張，因為看得出這位仁兄很不滿，而且有些氣話是針對我個人。我怕起衝突，希望能盡量避免擦槍走火，所以幾乎只問簡單的開放式問題，例如：「你為什麼會生氣？」「你對電台的新計畫有什麼了解？」「電台以後白天播新聞，會對你的生活造成什麼變化？」「你對我的新節目有什麼想知道的？」

這頓飯吃下來，我也認識他有意思的一面，像是他有蒐集和修理舊收音機的嗜好。我也更了解他為什麼這麼氣電台轉型，他又為什麼這麼喜歡音樂節目。問問題，我就不必提供太多資訊，壓力比較小。我問的問題也不會把他的感受或思緒設限，讓他自己發揮。最後，我們午餐吃得很愉快。

這不是說，開放式問句永遠是最好的策略，或是所有開放式問句都是好問題。大多數人在工作面試時，都曾被開放式問句問倒過，例如：「你最大的缺點是什麼？」「你五年後有何規劃？」「你為什麼想要這份工作？」這些都是開放式問句，但很少面試者會老實回答。（對了，「你有什麼感受？」也是爛問題，雖然是開放式問句，但已經變成陳腔濫調，沒有什麼意義了。）

當然，為了改善問題的品質，首先還是得開口問。我發現大多數人不習慣問很多問題，原因不明，但我猜可能跟對話自戀症有關。不論原因為何，提問都是非常有用的技巧。

提問，讓人能夠表達關心，顯示你的興趣與在意。我會問問題讓內向的人卸下心房，鼓勵小孩多說話，關心受到忽視的人。遇到朋友需要安慰時，我有時幾乎只問問題。已故的著名兒童節目《羅傑斯先生的鄰居們》（*Mister Roger's Neighborhood*）主持人佛瑞德・羅傑斯（Fred Rogers）可說是近代最懂得說話的人，懂得同理心，又有耐心，他曾經這麼形容發問的力量：「生活不如意時，我們可以用耳朵聽、用心聽。回答固然重要，但問問題同樣絕對有幫助。」

真誠的問問題，即使對方不喜歡我們，也能開啟對話。社會心理學家羅伯特・席爾迪尼（Robert Cialdini）在《影響力：讓人乖乖聽話的說服術》（*Influence: The Psychology of Persuasion*）中指出，遇到對方對你反感的時候，只要給予真誠的讚美，以及**尋求建議**，就能讓對方產生好感。問問題就對了！問他推薦看什麼書，問他會怎麼處理工作上的某個情況，問他有沒有最喜歡的旅遊景點，問他買什麼禮物給十二歲的外甥最好。[1]

我相信各位都有想學的事物，生活周遭到處都有可以求教的人，如果不問問題，等於浪費了你的朋友圈、同事圈。

發問是一門學問。我在工作上有一點蠻自豪的，就是會勤做功課，問出受訪者從來沒被問過的問題，連名人也一樣。我最喜歡的讚美是，有受訪者又驚又喜的看著我，說：「哇！這個問題問得太好了，我還真不知道怎麼回答哩。」想要問出好問題，需要仔細傾聽，真的具有好奇心。

如果問了一個好問題，務必讓對方有足夠的時間回答。不要害怕冷場，對方沉默不語，表示他正在思考，也因為在思考，回答會更用心。「有研究顯示，如果讓人聽一連串的字眼或音調，然後暫時不出聲，他的部分大腦細胞會開始搜尋訊號，」神經科學家賽斯．霍若維茲說：「找了一會兒找不到，就會啟動激發中樞與情緒中樞。沉默是溝通重要的一環，但常常不受大家重視。」[2]他這番話的重點是，沉默會喚醒大腦沉睡的部分，如果對話中願意保留沉默，彼此反而會更投入。

問出好問題，就會得到好答案

提出開放式問題是一門學問，需要練習。並非每個問題都適合加入何人、何事、何地、何時、為何、如何。我訪問時，會盡力讓開放式問句占五成，這樣其實已經有難度了。但開放式問題問得好，自然就能得到好答案。

「問問題會讓人變聰明，」小說家詹姆斯．史帝文斯（James Stephens）曾寫道：「就算沒有得到答案，我們也能長智慧，因為好問題有如蝸牛背著殼，自有答案。」[3] 有時候，問題可以是靈感，促使人進一步探索。人類最偉大的發明，有些正是當初問了簡單的問題。

12 沒有人無所不知

我很高興我回答時都很乾脆，我都說我不知道。

——馬克吐溫（Mark Twain）

二〇〇九年，人氣一度爆表的達美樂披薩開始出現營運困難，營收下滑，股價創下公司歷史新低。問題源頭出在：在全美國的披薩美味評比中，達美樂的披薩跟另一家敬陪末座。

達美樂知道不能不快速整頓，於是想出奇招，登廣告直接承認自己的錯誤，打臉自己的披薩。

在電視廣告中，客人說餅皮吃起來好像「紙板」，說他們的披薩「難吃到極點」、「完全沒有味道」。廣告畫面秀出達美樂把客人的批評印出來，裱框掛在辦公室牆上。廣告口白這時宣布，達美樂推出新的披薩配方，請消費者再給他們一次機會。

達美樂執行長事後表示，播那則廣告讓他緊張得半死，因為廣告有可能適得其反。所幸達美樂最後憑著廣告起死回生，成為餐飲業界一個逆轉勝的故事。隔年，達美樂營收成長近一四%，股價勁揚一三〇%，顯示誠實以對的險招奏效。摩根史坦利（Morgan Stanley）的約翰．葛拉斯（John Glass）說：「消費者已經習慣廣告會騙人，說出實話反而有效。」[1]

一知半解最危險

當家長的人都跟小孩解釋過，說謊解決不了事情，只會製造更多問題。同樣的道理也適用於成人的對話。這不是叫你要對另一半誠實，笑他五音不全，但在大部分的情況中，說實話才是上策。

當然，生活不可能無時無刻都講實話，例如說午餐開會開晚了，或跟小孩藉口說沒辦法去看他的足球賽，這些都是小謊，並不是明明知道是錯的或不確定的事情，卻講得跟真的事情一樣。不確定的事情，我們大可以不要說，回一句「我不知道」就好了。

為什麼要說實話，有兩個重要原因。首先，這樣可以打下信任與誠實以對的基礎。第二，這樣是承認自己也會犯錯。達美樂的廣告之所以會受到消費者認同，可能是大家覺得它除了誠實之外，還懂得謙卑。承認自己犯錯或不懂，可能會覺得是自暴其短，卻能讓對方產生同理心，凝聚交集。

電台節目的來賓接受我訪問時，通常會很注重用字遣詞。他們眼前有個大大的麥克風，看起來很嚇人，隔著玻璃又有製作人盯著，他們知道有很多聽眾在聽。這些都提醒著受訪者，他們的每一字每一句很快就會成為公共紀錄，存檔在網路上，所以對於要說什麼會很謹慎。

換成是生活對話，很多人都不會這麼小心。有朋友提到車子有問題，我們會立刻說應該是化油器或交流發電機故障了，講得好像自己是技師一樣。有同事聊到移民政策的新聞，我們就開始高談闊論，旁徵博引，講得好像我們在移民局上班似的。如果記不起正確數據，沒關係，講個大概的數字就好了。如果只是草草看過有關搭飛機的部落格也沒差，反正搭過很多次飛機了，過程應該很熟才對。

每個人在對話時往往會想要給意見，但我強烈建議，不確定的事不要說，所知不多的事也不要擅自表達看法。在臉書看到某個人貼的文章，只讀了前幾段，絕對不代表裡頭說的內容就是事實。懂點皮毛，也不代表就是專家。生過小孩，不代表你對懷孕就有百分之百的了解；一年打過幾次高爾夫球，你不見得就是高手。不懂裝懂，亂給意見，或者害對方沒去詢問真正的專家。套句大詩人亞歷山大・波普（Alexander Pope）的名言：「一知半解最危險。」

不懂裝懂，可能辜負別人對你的信任

我們為什麼喜歡不懂裝懂，或者喜歡假裝對某件事很在行，原因有很多。

第一個理由很簡單：我們想要留下好印象。希望別人覺得我們很聰明是很自然的情況。但諷刺的是，說出真實性打了折的話，反而會給人裝聰明的感覺，還不如不說。這就好像小孩子故意講出艱深的字，卻念錯音。

我們習慣裝模作樣的另一個原因是，不喜歡求助別人。蓋瑞特・凱澤（Garret Keizer）在《救命：原始的人類困境》（*Help: The Original Human Dilemma*）指出，大多數人會避免向其他人尋求幫助。「我們習慣把這（求助）看成是一種缺陷，」凱澤接受《紐約時報》採訪時說：「職場環境高度競爭的話，這樣的現象更嚴重。覺得卸下心房會受傷，或現在坦誠不懂某件事……以後會吃虧。」[2]

在工作場合求助於人，可能會讓人發現你的不足，飯碗有風險。但即使是日常瑣事，很多人也嘴硬不想尋求幫忙。（迷路了還不肯問路的人，請老實舉手！）承認自己不懂，然後問別人，有時會覺得彆扭，好像暴露出自己的缺點，但死不承認，甚至說出錯誤的資訊，你的形象保證會扣分。

我們有時候會亂出主意是因為有人求助，**我們**真的想幫忙。比方說，有朋友從外地來，請你推薦好吃的餐廳，你不假思索就給了某個餐廳的名字，只因為你每天下班後都會經過那裡。你從來沒有去那家餐廳吃過，但看起來不錯。正確的做法應該是，承認自己從來沒有去過，但看過菜單，而且注意到停車場每次都停滿車。問題是，我們常常撇開這些細節。萬一朋友聽了你的建議，到這家餐廳吃飯，結果很難吃呢？她會怎麼看你？可能會覺得你沒有品味吧。

想像以下的情境，麥可跟曼蒂說：「我想去看這部電影，可是怕浪費錢，妳知道電影好看嗎？」曼蒂沒有看過這部電影，只看過三十秒的預告片，而且有個朋友在臉書上寫說很難看。曼蒂這時就得做出抉擇了，是要承認自己不知道電影好不好看，還是假裝看過了，說：「電影很難看，別浪費時間了。」

這個例子不是我憑空想像，最近就發生在我身上。我是怎麼知道對方沒有看過電影呢？因為聽她說電影很難看後，我就說：「所以妳看過囉？為什麼難看？」這時她才承認自己沒看過。老實說，因為這樣，我對她這個人的看法稍微打折了。雖然理論上她並沒有說謊，但我**感覺**卻像是被她騙了。

史帝文．李維特（Steven Levitt）與史蒂芬．杜伯納（Stephen Dubner）在《蘋

果橘子思考術》（*Think Like a Freak*）中有一章叫〈最難說出口的三個字〉，各位可能會以為這三個字是「我愛你」，但兩位作者的答案卻是「我不會」。在他們援引的研究中，測試人員問五到八歲的小朋友一連串問題，發現高達七五％的人就算不可能知道答案，也會在是或不是中選一個回答。

這位研究人員叫亞曼達．瓦特曼（Amanda Waterman），在英國里茲大學（University of Leeds）教授發展心理學。千萬別以為只有小孩不懂事，才會不懂裝懂，瓦特曼也針對成人進行測試，發現有四分之一的人也是如此，就算不可能知道答案，也會假裝自己懂。各位可能以為成人怕被抓包，所以不會說謊，但顯然對四分之一的人沒有用。

瓦特曼指出，如果對方的權力或地位比較高，我們比較不願意承認自己不懂。「可能是我們覺得稍微處於劣勢，」她說：「想要秀出自己的能力，不願意承認自己不懂某件事。」

李維特指出，商場人士特別喜歡佯裝自己是專家，他所教授的ＭＢＡ學生很會「假裝自己知道答案，但其實完全沒有概念」。他還補充說，「演久就成真」的心態只會弄巧成拙。「可能讓人保住工作一個禮拜或一個月，」他說：「但這不是重點，重點是要不斷精進學習，更上一層樓。要做到這點，就應該先承認說：『我不會』。」[3]

請容我進一步詮釋他的結論。不懂裝懂，不但局限了自己的潛力，還可能辜負對方對你的信任。

再回到之前說的電影插曲。如果我沒有追問朋友為什麼覺得電影不好看，我可能誤信了她的建議，就不去看了。但還好我看了，而且很喜歡，實際上，我非常喜歡那部電影，幾個禮拜前還去看了第二次。

人際關係建立在信任上

如果是比推薦電影更重要的大事呢？許多醫師都說，要坦誠自己不知道病患的問題，實在說不出口。神經學家尼可拉斯．卡波佐里（Nicholas Capozzoli）接受《赫芬頓郵報》（*Huffington Post*）採訪時指出，這個問題在他的同儕中很常見。「醫師有不確定的時候，往往不願意對自己、對病患承認。要他們坦白說自己不懂病因在哪裡，或治療沒有萬靈丹，他們常常會覺得自己的能力、權威或專家地位受到威脅。」[4]

斯圖・法斯曼（Stuart Foxman）醫師在安大略省內外科醫師學會（College of Physicians and Surgeons of Ontario）的專欄寫到這個現象。他提到有個醫師做了一個實驗，真的不確定答案時，就老實跟病患說他不知道。結果發現，有些病患反而對他更加信任。「病患都知道，醫師沒辦法樣樣都懂，」法斯曼寫道：「但他們希望看到醫師盡了力。所以醫師說：『我不知道，但我會找出原因』時，病患會更信任醫師。」[5]

對話是人際關係的基礎，人際關係則建立在信任上。愈願意承認自己所知有限，日後提出看法時，對方會更加重視。不懂，就說不懂，不但可以加深你跟對方的交集，更讓你有機會進一步探索與成長。想要學習，先得承認自己有學習的空間。

13 廢話無須多說

所謂化繁為簡，就是剔除沒有必要的枝微末節，讓必要的重點凸顯出來。

——漢斯．霍夫曼（Hans Hofmann），抽象表現主義藝術先驅

有人說話如老太婆的裹腳布，又臭又長，內容充斥著雜七雜八沒必要的細節，又離題講不相關的事，最後結尾還冷場。這類對話的案例很多，最經典的一個，莫過於馬克吐溫提到的一個故事。

他在一八七二年寫下經典著作《苦行記》（*Roughing It*），描述他行經美國西部的所見所聞。有次他來到一座城鎮，遇到一群人，大家都認識一個叫吉

姆．布蘭（Jim Blaine）的，說他有個精采的故事可以分享，錯過可惜。於是乎，他不耐煩的等了又等，好不容易終於等到布蘭，準備要聽這個「有關他爺爺的老山羊的精采故事」。如果各位看過這本書，應該知道這一段拉哩拉雜，連續寫了將近一千五百個字。以下舉個片段：

爺爺從伊利諾州買了這隻山羊，是跟一個姓葉慈的男的買的，叫什麼比爾．葉慈的，你搞不好聽說過這個人。他的爸爸是個執事，浸信會的執事。比爾他這個人專偷牲畜，他啊，心存感激，要起個大早才能占到他的便宜。就是他搬到西部後，找葛林那家人跟我爺爺合作。賽斯．葛林算得上是這群人當中最有出息的吧，他娶了威克森家的女兒，莎拉．威克森，她可漂亮的很，是老斯托達德那裡很有本錢的小姑娘，認識她的人都這麼說。

布蘭的故事從來沒有講完，因為他講到一半就睡著了。（原來，他每次講這個故事都會這樣。馬克吐溫這才發現自己被大家整了。）布蘭這個故事雖然是極端的例子，但大部分人也有類似的毛病，喜歡分享太多細節，講一大堆沒有必要的東西。就跟布蘭一樣，枝微末節講太多，不但糟蹋了好內容，也會讓聽的人打哈欠。

記者稱這樣的傾向是「走進雜草堆」，也就是報導太多細節，不是很沒意思，就是很難繼續聽下去。一旦「走進雜草堆」，故事就失焦了，等於偏離了大路，漫無目的的遊走在瑣碎細節的雜草叢裡。講重要的正事時，已經不容易讓對方保持專注力了，更何況還繞出一堆無關緊要的姓名和日期，這樣對方就更難專心聽了。

我們天生就愛聊自己

因為工作的關係，我必須非常注意溝通方式，但我一直等到有心精進對話技巧的時候才注意到，原來我在對話中常常加入無謂的細節，尤其喜歡講許多沒必要的事實，讓人聽了有點煩。

各位或許也有同感。漫無目的的對話聽起來就像這樣：「我們二〇〇六年到義大利玩。咦，還是二〇〇七年啊？不對，應該是二〇〇五年，因為我那時候剛接下在波士頓的新工作。沒錯，就是這樣。問雪倫一定知道。」終於回到正題的時候，朋友早就已經放空，想著怎麼樣脫身去喝拿鐵。

商業心理學家馬克．葛斯登（Mark Goulston）指出，我們在對話時就只有四十秒的說話時間，超過這個時間，就可能變成搶話王。前二十秒是綠燈，對方喜歡你，也樂於聽你分享。接下來二十秒是黃燈，對方開始興致缺缺，覺得你這個人很囉唆。過了四十秒後，對話轉成紅燈，這時就應該要閉嘴了。[1]

各位不妨想想四十秒有多長，看一下時鐘或手錶，隨便講一件事情，講了四十秒就得停止。你會發現，時間真的很短！如果在多餘的細節繞來繞去，就永遠講不到重點。

人為什麼會喋喋不休？最有可能的一個原因是：我們天生喜歡聊自己，而且大多數人都喜歡講話。但是有些人緊張的時候特別會講個不停；一焦躁，就好比打開話匣子的開關。有些人則是想要留下好印象，讓對方覺得自己在某個議題上很在行。有些人單純是因為從來不懂得怎麼傾聽，覺得沒有人說話很尷尬。

不管原因為何，細節講太多可能會扼殺一場好對話，就像布蘭雜七雜八牽扯出一堆細節，再好的內容也是枉然……，不過前提也是他可以把故事說完。

當然，講細節在某些情況時很有必要。比方說，我們都希望政治人物能夠多加琢磨細節，再針對法案投票；出庭律師應該要研究並詳細表達法條的細節。我們也都希望醫師或會計師能注意技術細節，最小的層面也不放過。但大多數人都不希望看到國會議員占據發言台，講到天荒地老；或者要動手術了，還得耐著性子聽醫師決定要使用哪支手術刀。我們希望議員或醫師跟同儕討論細節，但我們不想聽。生活對話如果塞滿細節，很快就會讓人喘不過氣。

分享日常作息，很難有好對話

對有些人來說，「雜草」其實是對話的舒適區。相信各位至少都有朋友和家人喜歡講流水帳，聊他從早到晚做的事，或列出一大串還沒做完的事情。你說：「最近好嗎？」對方回說：「今天忙得團團轉！早上起了個大早，準備好早餐。還得幫我家的狗特別準備餐點，因為牠最近的消化不太好，要加一點藥粉進去。然後我就拿筆電去修理。上個禮拜我每次打開CD播放器，電腦就會當機。然後我又去……」接下來我就不講了，免得荼毒各位。一直看流水帳，很難不無聊吧？

除了你自己之外，通常不會有人在意這些事。如果一本書有兩百頁寫滿某個人的待辦事項，你應該不會想買吧。對話也是一樣，我不想聽你講怎麼清貓砂盒、到自動提款機提錢、到雜貨店買生菜。這些細節連貓也不想聽哩！

這不是說，記錄每天已經做的事與待辦事項沒有好處。許多生產力專家都建議，應該養成每天記錄完成事項的習慣，這樣不但有成就感，心中也不必老是惦記著有哪些待辦事項，能把心思放在其他事情。可是我們有時不把完成的事項寫下來，卻跟其他人講。

把每天的日常作息鉅細靡遺跟人分享，很難有好對話。對方聽你講待辦事項，還能說什麼呢？難不成要說「哇，你要做好多事啊」？這樣會給對方一個印象，看你做完這麼多事要為你鼓鼓掌，或者看你還有這麼多事沒有完成，要同情你。再說，這樣已經超過葛斯登建議的四十秒限制了。

請大家別誤會，我不是說完全不應該分享自己在意的事。跟對方大聊做了什麼事，又有什麼事還沒做，有時候很有幫助；對方願意聽我們的話，常常是出於關愛與支持。我有太多次一邊做自己的事，一邊聽兒子講某個桌遊的來龍去脈。聽兒子說話很重要，就算他每次都重複講每個人物的攻擊力，我也會聽下去。但會這麼做，是因為我是他媽媽，他是我最愛的人，而不是因為我覺得這樣的對話是精采的。

遇到朋友有需要時，傾聽他分享的瑣事也是無私的舉動。對方剛被診斷出罹癌時，可能需要跟人聊治療和後續病情的細節，需要把心中的擔憂都發洩出來，就算再瑣碎也值得講。有朋友最近喪失至親，可能會講到死者的生平與工作，悼念他的點點滴滴。在這樣的情況下，傾聽是愛的表現。

但如果朋友大聊她登記行照的過程，你就不必耐心聽了。他可能要抱怨等很久，電話中的同一首背景音樂總共聽了六次，但你大可不必聽。要聽也可以，但請她直接跳到重點。

小心走入對話的雜草堆

分享每天做的雜事，會害我們走進對話的雜草堆裡。還有一個常見的錯誤是，講到某個話題時，把自己懂的東西全部一次說完。我常在廣播節目中目睹這樣的現象，尤其是來賓很緊張的時候。聽我提起一個話題，來賓便開始滔滔不絕，把自己懂的相關細節全都說出來。我只好打斷對方，以免訪談失去焦點。

日常對話也是如此。聽到有人問我們有沒有養寵物，我們立刻聊起寵物的名字、年紀、品種、個性等等。聽到有人問我們有沒有電腦，我們就講起記憶體（RAM）有多大，影子記憶體（shadow RAM）又有多大。

大多數人都有這個毛病，但並不是故意要讓對方覺得無聊，應該不會有人聊天時想：「天哪，我要講到這個人無聊到死，恨不得今天沒有遇見我。」但別弄錯了，除了你之外，大家對細節可能都沒有興趣。如果對話的目的是要與對方建立交集，彼此都能從中學到東西，瑣碎的小事很容易產生反效果。

如果真的有重要訊息要分享，後果就更糟糕了。如果你想要給某個人班機細節，只需要講航空公司是哪家、起飛時間、航班號碼就好。如果還穿插機票價格、轉機時間、哪裡最好停車，還有回程的航班號碼，可能就模糊重點了。

這麼比喻好了：你要某個人記住一個號碼，是會講一百個不同的號碼，還是只講最重要的那個？如果向對方發了一百顆乒乓球，要他打中其中特定的一顆球，是很難還是很簡單？

害我們誤入對話雜草堆的，不只是交代待辦事項或講無聊的細節而已，我們有時會想要糾正別人也是一大毛病。想像有一個朋友說他滑雪發生意外，過程很驚險，事後被空運到最近的醫院，必須緊急照磁振造影，檢查肋骨有沒有骨折。你卻突然插話說：「其實啊，磁振造影是照不出肋骨的。磁振造影只會照出軟組織。你確定你照的不是X光嗎？」就這樣，你把對話帶進了雜草堆（甚至友情也會開始打折）。

同樣的道理也適用於一般的日常對話。聽到對方文法有錯、誤用名詞，或者是唸錯字，有時難免想要糾正他，但請你克制住。

說「其實啊……」，一點也沒有好處

我甚至認為完全不要講「其實啊……」這種句子。我通常不會建議應該使用或避開哪些具體的字詞，但這邊要破例。「其實啊……」跟「我沒有種族歧視，可是……」很像，說出口沒有好處。如果你真的怕不糾正對方會發生不好的事，那就換個方式講，或等到對方講完再說。如果你想糾正的內容只是小事，就沒必要打斷對方。對方在分享一段晚餐的經驗，你又何苦插嘴糾正他說只有法國才產香檳。

哪些訊息重要，哪些訊息無所謂，由你負責決定。要釐清輕重緩急，有時候很難，但有思考就代表已經跨出一大步了。我們常常連想都沒想，就一直丟出訊息。

以後如果又發現自己講太多私事，不妨觀察對方的表情，他是在看你身後的東西，還是在忍住打哈欠呢？

如果真是這樣，就代表他可能想逃之夭夭。別管你哪時買人生第一台車這種瑣事了，請說重點，保持對話通暢，你的親友、同事、咖啡館店員、收銀人員等等都會感激你的。

14 與對方同行

思緒排除讓人分心的事，才能注意到對方、了解到對方，這樣雖然會讓人覺得沒有效率，畢竟有太多人事物可以想了。但專注當下，溝通反而更有效果。

——瑪格麗特・赫弗南（Margaret Heffernan），企業家

我發現，俚語常常把人類的行為形容得很到位。上一章提到老太婆的裹腳布，這章開頭再介紹一個英文俚語：到處撿羊毛（woolgathering）。一個人在對話中「到處撿羊毛」，是指聽著聽著就想到其他事了，或發起呆來。聽人講話時眼睛看著對方，甚至偶爾還會點點頭，但其實已經放空，對方

講了什麼一句也沒聽進去。這時你已經沉浸在自己的思緒與世界，也就是到處撿羊毛。

這個說法的原意是，人類在草原上游牧於不同的灌木叢，採集綿羊路過掉下的羊毛。沒有方向也沒有路徑，只是漫無目的的走著，這個灌木叢發現一堆羊毛後，就到下一個灌木叢。

走進「雜草堆」和「到處撿羊毛」的差別在於，前者是說話的人岔題了，後者是聽話的人心不在焉。

我所謂的心不在焉，並非思緒暫時打結或無法專心，而是分心想到其他事，結果愈想愈深，思緒就偏離了對話。另一個常見的說法是「跳進兔子洞」。就像愛做白日夢的愛麗絲掉進奇幻世界，你也愈陷愈深，離眼前的對話愈來愈遠。

我在這方面的問題特別嚴重，有些人會形容我是「思緒跳躍」。我有成人過動症，有時候很難專心，腦海中千頭萬緒，一下子就被拉走，不小心就可能追著其中一個思緒愈想愈深入，不到幾秒，就完全不知道對方在講什麼。你跟我說要把車拿去送修，我卻回說麥克・傑克森（Michael Jackson）在音樂劇電影《新綠野仙蹤》（*The Wiz*）演出過。（沒錯，這件事真的發生在我身上過。）

我還是菜鳥記者的時候，這個問題還不會太嚴重，因為現場連線不會太久，所有的訪談也經過預錄編輯過。但後來當上現場訪談節目主持人後，容易分心就成為一個大問題。

我永遠忘不了有次訪問一位外籍記者的經驗。我問了有關阿富汗戰爭的問題，但不曉得什麼時候分心了，結果他講完話，等著我回覆，我這才驚覺完全不知道他剛才說什麼。於是問了一個問題，以為能開啟新的話題，殊不知他已經回答過了，因為他第一句話就說：「這個嘛……就跟我剛才解釋過的……一樣」

當下有幾萬名聽眾在聽，我嚇得半死。

聽起來是不是身有同感？大多數人心不在焉的時候，雖然不會像我一樣被這麼多人目睹，但我還沒遇過發呆沒被人抓包過的人。

各位要怎麼知道是不是像我一樣特別容易出神呢？學界其實有不少相關測

試，可以測量一個人忽視不重要資訊的能力，其中一個叫「史楚普字色測驗」（Stroop Color and Word Test，上網還能找到許多版本）。受測者必須照顏色找單字，而非找單字本身。比方說，「白」這個字印成橘色，受測者必須找出橘色的單字，但大腦會跑出一個聲音（也就是讓我們對話分心的原因），要受測者專注在「白」這個字。想愈快回答問題，就愈容易聽進那個聲音，回答錯誤。

受測者都認為史楚普字色測驗比預期的更難。各位不妨研究一下這個測驗的相關科學報告，但我可以用簡單一句話總結，那就是：大多數人多多少少都會分心。

話說回來，各位是否認識一種高手，能夠杜絕外在瑣事？我有個大學朋友就是這樣，她的畢業論文是坐在時代廣場中寫完的。像她這樣的人，就是有高度的「潛在抑制症」（latent inhibition）。「潛在抑制症」的高低，決定一個人能否排除外在噪音和其他干擾。「潛在抑制症」高的人，在開放式辦公室工作可能不會受影響；「潛在抑制症」低的人，可能就需要戴上耳機避免分心，才能專注在自己的工作上。如果「潛在抑制症」非常低，就特別容易分心，這種人在老闆的辦公室看到有鴿子停在窗台，老闆說的話他可能左耳進右耳出。

哈佛心理學家雪莉·卡森（Shelley Carson）指出，創造力與智商相對較高的人，出現低「潛在抑制症」的機率高出六倍。[1] 換句話就是，你愈聰明、愈有創意，就愈不容易排除讓人分心的事。說創意人喜歡「跳躍式思考」，其實不無道理。創意力強的人，思緒天馬行空，容易不知道跳到哪裡去了。

容易分心是很自然、也很常見的事，但這不代表個性有缺點，樂觀的人甚至可能會說這是優點。但如果是在對話中分心，肯定不是好事。

好的對話需要專心，雙方要能同時專注在同一個話題，願意忽視腦海中一大堆閃過的念頭。這是因為每個人分心的點本來就不同，你隨便想到的事和後續念頭，幾乎不可能跟對方一樣。這不是說隨便的一個念頭沒辦法增添對話的精采度，但事實通常不是如此。

聽到對方提及一個不是重點的東西，你抓住這個念頭後，可能愈想愈離題。朋友說在附近的咖啡店看到前男友，你想到你在那家咖啡店遇到一個名人，變得一心只想提這段插曲，不管朋友講的是一次尷尬難熬的經驗。她說：

「我應該不會再去那家店了。」你卻回答：「可是去那裡可能會遇到名人，我之前就遇過喔！」隨性的一個念頭就破壞了對話，讓朋友懷疑你不在乎這段友情。

我想澄清一點：場合對的話，離題有時候也有好處。聽朋友說到某件事，你的大腦神經元會突然活躍起來，靈光乍現。朋友聽你分享後，也多了很多想法。對話有時是一場彼此激盪的體驗，但能做到這點，通常是因為你的靈感與朋友說話的內容息息相關。你不是完全轉換對話的跑道，而是兩個人在沒有預期之下，稍微晃到另一條小路，一起展開歷險。

學會專注，除了改善對話品質之外，還有其他好處。二〇〇七年有項研究報告指出，加強自我掌控力，有助於改善人際關係、增強心理健康、降低壓力，學生也能提高學業分數。[2] 但好處不只這些。懂得使用意志力，還可以降低藥物與酒精濫用的機率、更不容易出現飲食失調或違法亂紀。這項研究將自制力定義為「一個人控制或克服想法、情緒、衝動與行為的能力」。聽別人說話，而不被自己的想法牽著走，正是自制力的表現。

上述研究還指出，自制力其實難度很高。想東想西可累人了，人有兩成卡路里都是大腦消耗的。研究人員發現，自我控制時，人體的血糖濃度會降低，進而耗損體力。換句話說，專心會**消耗體力**。有項著名的實驗準備了剛烤完的巧克力餅乾，要受測者忍住誘惑，只吃蘿蔔。受測者接著拿到一個謎題，必須解開。實驗發現，抵抗餅乾誘惑的人答題不理想，因為他們太累了，不想努力答題。

無怪乎，我們忙了一整天後，往往很難專心對話，原來是已經沒有多餘精力專注了。

人類天生容易分心

好的對話就像一條穩穩流動的河流，有時甚至是波濤洶湧，有激流，有急轉彎，但不應該被引流或流進水壩。你也絕不能跳上另一艘船，指望朋友也跟著你跳。對話的兩人同舟共濟，一起經歷過程的曲曲折折。

為了保持對話不中斷，必須學會讓思緒飄過腦海又飄出去，而不分心。要忽視讓人分心的想法並不容易，但**絕對**訓練得了。我這是經驗談，因為我有成人過動症，努力過後也能克服分心的毛病。

克制分心為什麼這麼難，原因之一在於，對話一來一往彷彿連珠砲。曾有研究人員錄下十種語言的對話，受測者來自義大利、丹麥、日本、韓國、巴布亞新幾內亞、納米比亞、美國等地，結果發現，一方講完話、另一方接話的間隔平均約〇．二秒。[3]

對話間隔最短的國家是日本，只有〇．〇〇七秒，幾乎在搶話了。丹麥人間隔最長，但也只有〇．四七秒，半秒都不到。相較之下，我們花〇．六秒才能從記憶庫挖出一個字。也就是說，如果我們〇．二秒就能回話，等於沒有思考過就開口。

我們為什麼有辦法快速回應呢？馬克斯普朗克心理語言學研究所（Max Planck Institute for Psycholinguistics）的史蒂芬．李文森（Stephen C. Levinson）指出：「趁對方講話時，我們就在醞釀答案了。我們聽著對方的字句，同時在琢磨自己的字句，機會來了就趕緊抓住，立刻開口。」他說得很有道理，但有一點我不認同。我覺得人不可能一邊聽一邊琢磨自己的回覆。如果我們隨時都想著接下來要說什麼，其實只是聽了一半罷了。

人類天生容易分心，現在的科技產品讓問題更嚴重，甚至希望日常對話能夠跟網路一樣跳躍。研究指出，大多數人「閱讀」網路文章時，有半數文章只是瀏覽過去。[4] 猜猜網路最受歡迎的功能是什麼？答案是連結。[5] 也就是說，我們在網路看東西時，最喜歡做的事是按下網路連結，跳到另一個不相關的網頁，還沒看完又按下另一個連結，跳到其他網頁。網路世界鼓勵我們的大腦脫離主題，但跳躍思考卻不適合對話。

聽別人說話時，自己腦海中冒出很多想法是很自然的事。看到蝴蝶飛過、有個人穿著搞笑T恤經過等等，難免會分心。聽別人說話時，想到更有趣的話題或好玩的事，也是很自然的事。這類分心並非不好或一定有反效果，但如果想把隨機的想法加入對話，對兩人的對話卻沒有幫助。對話主題一下這個一下那個，對方很難跟上你的腳步，如果你一直追著思緒走，很可能就會走偏了，把對方拋在腦後。

讓對話順勢發展，對某些人來說是交出掌控權，所以不容易做到。坐上對話列車，我們往往希望扮演駕駛的角色，追著思緒走是控制方向盤的方法之一，想轉彎就轉，想換話題就換。如果冒出的想法特別高明或有意思，我們就更難抑制離題的誘惑了，非講笑話或來個妙答不可，管它會不會打斷對話。我們打斷了對話常常還不自知哩，以為硬生生插嘴，可以讓對話更精采。這是一種隱性的對話自戀症。

究竟是偏離主題還是正當回應，界線有時模糊不清。對話會往哪個方向走，不見得顯而易見，所以你的一句插話會不會改變對話方向，不可能事先知道。如果做好傾聽的工作，界線就比較容易判斷。

有一個大原則可供參考：在良性的對話中，你專注當下，傾聽對方的內容。如果你被一個念頭分心了，或是專注在等一下怎麼回應，就表示沒有在傾聽。

冥想可以降低分心

想要降低分心的情況，是可以訓練的，冥想就是一個很有用的方法，可以讓人觀察自己的思緒，然後放下，不必追著思緒到處跑。但如果你對冥想沒有興趣，可以更簡單一點，開始注意腦海中的念頭，不必改變任何思緒，只要關注即可。愈快注意到自己分心了，就愈能夠讓思緒從腦海中飄出去，免得大腦跟身體被它牽走。

科學家使用磁振造影技術，不但找到大腦的腹內側前額葉皮質區有助於心思專注，還發現心理活動自有動能。[6] 比方說，一旦大腦閃過要喝水的念頭，身體就會開始準備移動，嘴巴甚至會先分泌口水。心理路徑走得愈多步，動能就愈難停止。如果練習專注心中思緒，就能立刻注意到自己分心了，不必等到生理反應已經大作。這就是所謂的「正念」。

一旦注意到有念頭冒出來，不必抗拒或想要「清清腦袋」。人沒辦法停止不思考，主動抗拒思緒有時會讓人更分心。有思緒飄進來時，只要對自己說「這是一個念頭」，再把專注力轉回對話就好了。

講到這裡，大家應該能舉一反三：沒有科技產品的干擾才能有好對話。別把手機放在身邊，離開電腦桌，把手持裝置轉成靜音。最好把手機的通知功能全都固定轉成靜音。畢竟，你有必要時時知道有人在臉書按讚嗎？有必要知道誰什麼時候在 Instagram 分享你的照片嗎？應該沒必要吧。成人每天平均看手機一百一十次，相當於每十三分鐘就看一次。與人對話時，與其努力克制檢查手機的欲望，不如把手機收起來，眼不見為淨。

對話需要耐心與專注，兩者都是不容易養成的能力。但我不覺得這是麻煩，而是能夠促進好對話的挑戰。對話是個寶貴的經驗，因為需要你與他人分享時間，同步專心，而不是沉溺在自己的思緒。如此一來，你順著彼此的互動而前進，進而走到新的未知領域。你已經知道自己的想法，所以何不敞開心胸，迎接對方視角帶來的驚喜與發現。與對方同行，絕對值得。

15 傾聽為上！

我們問其他人週末做什麼，理由只有一個：因為這樣才能聊自己週末過得好不好。

——恰克．帕拉尼克（Chuck Palahniuk），小說家

二〇〇三年，廣播節目製作人大衛．伊賽（David Isay）想要推動一個大規模的新計畫，他的構想很熱血，不久也在全球掀起風潮，但卻不是獨創的點子。

我這麼說，並不是要貶低大衛，而是想點出他的靈感其實來自於廣播界的傳奇人物史塔茲．特克爾（Studs Terkel）。特克爾享年九十六歲，生前幾乎做過電台所有的工作，參與廣播劇演出、擔任新聞播報員、撰寫廣播廣告，甚至還

在芝加哥主持節目《特克爾秀》（*The Studs Terkel Program*）。他在節目中訪問過的大人物太多了，例如編劇桃樂絲・帕克（Dorothy Parker）、民權鬥士馬丁路德・金恩、音樂人巴布・狄倫（Bob Dylan）、劇作家田納西・威廉斯（Tennessee Williams）等等。

他後來榮獲普立茲獎，並不是因為名人訪談。特克爾最讓人津津樂道的是他跟市井小民的對話。特克爾長年蒐集口述歷史，相關紀錄多達幾千個小時。他的足跡踏遍美國各地，或登門拜訪，或在小館子與人閒話家常，傾聽一般民眾的故事。這些人經歷過二戰與經濟大蕭條，他問他們問題，靜靜聽他們說，用錄音機錄下來。

他早期有一本著作叫《工作：一般人聊工作與工作想法》（*Working: People Talk About What They Do All Day and How Thay Feel About What They Do*），[1]不但書名不起眼，書中的主人翁還有幾十個，包括垃圾清潔隊員、理髮師、飯店人員、鋼琴調音師等等，都不是光鮮亮麗的工作。這些人如果在雜貨店與我們擦身而過，我們也不會注意到。但他們的故事動人而揪心，完全是無人能取代的個人經驗。這本書在國際上獲得迴響，甚至改編成百老匯音樂劇。

特克爾後來持續訪問民眾，著作不斷，作品包括九千多小時的訪談，受訪者超過五千多人，有如歷史與人文的寶藏。《紐約時報》登出他的訃文時，說他是「美國人的傾聽者」。

特克爾把他的成就歸功於他的童年。他在芝加哥長大，父母親經營一家供膳宿舍，住宿的人五花八門，許多是移民，所以特克爾小時候經常坐在大廳，聽大家聊天。長大後，他並沒有喪失傾聽的能力，還是很樂於聽其他人的故事。他在回憶錄中寫道：「我在訪談時抱持尊敬的心。對方因為你在傾聽，知道你尊重他。也因為你在傾聽，對方更樂於向你傾訴。」

再回到大衛．伊賽的話題。特克爾的全民訪談過了幾十年後，伊賽覺得有必要再開始傾聽，於是成立了「故事團」（Story Corps）。故事團的概念很簡單，他在紐約中央車站安裝錄音亭，請民眾入內對話。現在在亞特蘭大、芝加哥、舊金山也有故事團的錄音亭，另外還有移動式錄音亭，每年移動範圍高達幾千英里，蒐集有心民眾的心情故事。

故事團經營得有聲有色，伊賽與同事錄到幾萬則訪談，公共廣播電台的《早安您好》每週五會選幾則播放。如果看到有人邊聽節目邊哭，我大概就知道他們在聽故事團的訪談。

故事的主題不一而足，有人訴說愛意，有人談到戰後創傷。以前的訪談紀錄還包括：小孩問父母年輕時的情況、手足分離多年後重聚、士兵講到派駐時期的寂寞長夜。

故事團的主角只是一般老百姓。參與者沒有酬勞可領，大家願意坐在錄音亭裡聊四十分鐘，是因為希望訴說心聲，把自己的故事記錄下來留念。伊賽說，傾聽的影響深遠，「這項活動的目標是，透過傾聽這個簡單的舉動，讚頌一個人的人生。說起來很丟臉，我自己很不會傾聽……很容易被手機或電子郵件分心……。但正因為如此，才凸顯出故事團的重要，提醒我們要學習傾聽。生活充滿太多雜音，傾聽就好比是我們給對方的禮物。傾聽是拍拍對方的肩膀，說：『你覺得什麼事很重要，我們來聊聊』。」[2]

我對伊賽的話心有戚戚焉，因為他坦誠自己不是很好的傾聽者，但他肯定傾聽的力量，而且願意努力改進。這也是我的感受，我同樣不是傾聽高手，但我知道傾聽對人際關係很重要，盡全力想做到更好。

真要說起來，幾乎每個人都得掙扎一番才懂得傾聽。很少人能做到主動傾聽，不只是聽而已，還要聽懂、回應、記在心裡。不會傾聽，並不是性格有缺陷，而是人類共有的特性。傾聽，似乎不是人類本能。

我們喜歡多說少聽

跟嬰兒相處一陣子，就會發現人類天生不懂得傾聽，卻天生會製造噪音。傾聽是一種必須刻意學習的技能。雷夫・尼可斯（Ralph Nichols）是這方面研究的先驅，「傾聽之父」的稱號當之無愧。他在一九五〇年代進行多年的實驗，在著作《你在傾聽嗎？》（*Are You Listening?*）寫道：「我們可以說，大家通常不知道怎麼傾聽，雖然大家有著聽覺靈敏的耳朵，卻很少學到必要的聽力，讓耳朵充分運作，也就是**傾聽**。」[3]

說話是我們的本能。說話是有目的的，可以加強、甚至塑造我們的身分。哈佛大學的科學家發現，聊自己可以啟動大腦的快樂中樞。研究人員請受測者聊自己，抒發己見，再聊別人和別人的意見，過程中同時進行功能性磁振造影。結果發現，受測者聊到自己的時候，中腦邊緣多巴胺系統有幾個部分會活躍起來，這個區域在從事性行為、吸毒、吃糖的時候也會活躍。沒錯，聊自己的快樂程度跟做愛和吃松露巧克力差不多。[4]

有意思的是，受測者以為只是在自言自語，空蕩蕩的房間裡並沒有其他人在聽。但即使如此，他們聊自己也聊得很開心。

實驗結果似乎在說，對話成不成功，問我們自己很不準。各位有多少次面試完覺得**自己說得太好了**，沒想到最後沒有被錄取？原因雖然很多，但其中一個很可能是聊自己聊太多，傾聽得不夠。也就是說，你自我感覺良好，但面試官卻不這麼認為。如果是憑自己的感覺認定對話很順利，有可能是我們大聊自己，被飆漲的多巴胺綁架了。

另外有一項研究提供不同金額的獎金請受測者回答各種問題，金額根據受測者選擇的問題有高有低。問題有的與他們自己有關，有的則與其他人有關，有的跟事實有關。

實驗證實，受測者為了談論自己的感受與想法，頻頻選擇金額較低的問題，金額平均少了一七%。這份報告指出：「猴子為了看位階較高的同伴，願意放棄果汁獎勵；大學生為了看好看的異性，願意放棄獎金。同理，我們的受測者為了聊自己，也願意放棄獎金。」[5]

因為喜歡多說少聽，所以我們很難有精采的對話。我發現諷刺的是，「我懂你的意思」這句話現在往往被用來溝通說我們有注意到某個人。聽，是不自主的動作，未必代表聽進去了，但更重要的是，實際上，我們大部分時候根本就沒有做到傾聽的工夫。我最近到超市買東西，跟櫃檯店員說：「我的環保袋在推車最下面，等等喔，我把袋子找出來。」她看了我一眼，說：「好，沒問題。」**但同時又把我的東西裝進塑膠袋裡**。我後來又重覆了兩次，她才把我的話聽進去。

是不是常常有人跟你說：「你是有聽沒有懂嗎？」其實就是在說，你沒有在傾聽。我訓練過自己，只要聽到對方對我有類似的批評，我就會立刻住嘴。每次只要有人跟我說「我沒有聽懂」，他們通常是對的，幾乎沒有例外。是我沒有傾聽他們的心聲。

要衡量有沒有確實在傾聽，最好的一個方法就是看能不能記下內容，但我們很少把記憶力跟傾聽畫上等號。第六章提到的記憶力研究，是在一九五〇年代進行的。研究人員發現，如果隨意聽對方說話，八小時內會忘記高達一半的內容。[6]其實集中精神認真聽，幾個月後也會忘記七五%的內容。所謂的主動傾聽，是指聽完理解，做出回應，記下內容。但這不是人類本能，而且我們已經好幾十年沒有主動傾聽了。

傾聽是必須學習的能力

以前的人說不定傾聽能力比較好，但現在科技日新月異，讓我們常常忘了一點，閱讀材料一直在幾百年前才普及。幾百年來，口語是人類獲得資訊與教育的主要來源。在印刷機發明之前，學東西需要靠傾聽能力。一直到近代，人類才開始覺得傾聽是浪費時間。

不用說，我們現在急就章的吸取資訊，更進一步衝擊我們傾聽的能力。網路看文章，有太多的照片、影片和連結，大腦可能一下子招架乏力，所以學會了瀏覽。[7]我們的眼睛下意識會找關鍵字和條列式重點，撇開枝微末節，直接聚焦在大腦認定的重點所在。

研究人員發現，這些網路習慣現在也影響到實體書的閱讀。要現在的學生讀完《戰爭與和平》（*War and Peace*），難度比他們的父母和祖父母以前閱讀時高出許多。我們在網路上看篇幅較長的文章，不知不覺就會跳到另一個頁面，或開始檢查電子郵件；換成對話，我們耐心聽人講話的能力也好不到哪裡去。也就是說，我們用瀏覽的方式進行對話。

社群媒體讓人用短短幾個字表達自己，如果大家已經習慣這樣的模式，對方花十分鐘講工作的遭遇時，聽的人恐怕很難專心聽完。即使網路文章有圖表，有吸睛的字體和照片，許多人還是看完標題後就不了了之。[8]文章寫太長，話說太多，人的大腦不容易持續專心，這就是神經科學專家瑪莉安．沃夫（Maryanne Wolf）所說的「推特腦」（Twitter brain）。

很少人能好好主動傾聽，但我們卻渾然不自知。埃森哲顧問（Accenture）曾經對三十個不同國家的數千人進行調查，男女各半。幾乎所有人都說自己善於傾聽。[9]但事實是，他們可能是自我感覺良好。九八%的受訪者坦誠，一天當中有很多時間會分心；過半數表示，用電子產品工作會干擾他們的傾聽能力；八六%的受訪者則說，開電話會議時會一心多用。之前說過，人無法一心多用。聽電話的同時，忙著看電子郵件或打報告，絕對沒有辦法好好傾聽。我們不知道這些日常習慣會影響傾聽能力，所以自以為很厲害，其實不然。

大多數人都知道傾聽很重要，卻很少下工夫加強。多數商業人士與學者受訪時都說，傾聽是專業人士成功的必要技能，但不到二%的商業期刊文章探討主動傾聽的主題。學校也是一樣，教演講的課程很多，卻很少有人教怎麼傾聽。殊不知，傾聽是必須學習的。

根據澳洲最近的一項研究顯示，主動傾聽是有意識的行為，必須經過具體指導。[10]也就是說，學生如果知道自己此刻正在學習傾聽，更容易學會傾聽。學數學、歷史等其他科目，並不會同時學到傾聽的技能。研究人員認為，溝通時的表情和肢體語言是有效傾聽的關鍵，所以特別聚焦在這兩點。「要做到『聽』的工作，聽的人不但要了解話語的意義，也要知道非口語的溝通。」該報告指出。

這個實驗採用稱為「開放空間技術」的開會模式（這是有具體的會議任務，但沒有正式議程的方法），藉此限制電腦的使用，增加面對面互動，實驗似乎很成功。學生在一個大型的開放空間獲知任務，之後分成幾組。他們接受指令必須專心傾聽，深思熟慮後回應，在會議結束後要能總結內容。研究人員希望知道「學生如果專心傾聽別人說的話，是否能加深對任務的了解？」答案似乎是肯定的。

傾聽，需要力氣與專心，動用到的感官不只有聽覺而已。溝通傳遞的訊息分三種：語言訊息（字句的意思），姿勢訊息（表情、手勢、體態），音調訊息（字句的表達方式）。

我們都知道，只管字句的意思，並無法有效傳達訊息。我們常開玩笑說，電子郵件和社群媒體需要添加「挖苦字體」，這樣對方才知道我們在開玩笑。相信大家都有同樣的經驗，電子郵件看起來像是在抱怨或罵人，但其實並非對方的本意。要了解對方真正的用意，不能單看文字而已。傾聽，需要全神貫注，並動用到整個身體。

但很多人在對話時卻是半調子，把對話當成抒發自己需求與意見的機會，而不是聽別人怎麼想。「大多數人聽的時候，目的不在於了解對方，」作家史蒂芬・柯維（Stephen Covey）說：「他們傾聽是因為想要回答。」[11]我們跟別人說話是因為我們有話想說，而不是因為想聽對方說話。

我們的對話很像亂哄哄的音樂會。想像小提琴家與鋼琴家各彈各的調，雖然兩個人相敬如賓，演奏時還看著彼此，點頭示意，但樂譜卻沒有翻到同一頁，結果只是噪音罷了。

改變不聽別人說話的習慣

等著對方喘口氣，只為了自己能夠說話，這樣的習慣雖然不容易改過來，但並非不可能。首先，想辦法聽到大意。聽對方說話的時候，思考他的字句與想法有何深層的含意，觀察對方的表情與姿勢。對方真正想表達的意思是什麼？你可以問一些問題，例如：「這是指……嗎？」或是「你是說……嗎？」對方或許意有所指，是指什麼呢？為什麼這個時候要講這個故事？用意是什麼？

此外，不妨預期對方接下來要說什麼。為了做好預期，你就必須注意發生了什麼事。這麼做有風險，因為有可能會假設對方要說什麼，而不是根據實際內容來預期。對方的句子或故事還沒有講完，你就搶著幫他說，會讓人有自以為是的感覺，所以最好在心中預期就好。這樣預期下來，對話時就能保持投入。

第二個建議是：別妄下結論，先評估證據。這點在目前的政治環境更顯得重要。把對方的話聽進去，而不是聽對方是否講到某些字句或名字，就認定知道對方在說什麼。

我們常常聽到對方用了幾個熟悉的字眼，就斷定對方是哪一種人。聽到對方說支持美國憲法第二修正案（譯註：保障人民有持槍的權利），就以為知道他的所有觀點，覺得可以預測他接下來要說什麼，所以就不聽了。我們在某些議題上已經有結論，不想聽反方的理由。

一個人的觀點不可能跟電視節目的名嘴一模一樣；傾聽對方的話，才能知道他立場的細微之處。不要一聽到對方持有不同觀點，耳朵就閉起來，應該要衡量證據。思考一下，要是對方的觀點是對的呢？他的資訊是從哪裡來的？你可以問：「請問**你的**資訊是怎麼來的？」

聽對方的內容做回應，不要以為你知道對方說什麼，或希望對方說什麼，而預設立場回答。別因為你之前跟自由派（或保守派）的人說了什麼，就對對方說同樣的話。聽完對方的話，根據內容做出回應。這表示有時必須請對方澄清立場，也表示你有時候會不知道該說什麼。聽完對方的話有疑問，代表你認真在聽。

最後，想辦法總結聽到的內容，但在心中做就好，這樣腦海中的思緒也不容易飄來飄去。複習對方說了什麼，立刻就能察覺自己有沒有漏掉訊息，或對某一點清不清楚，然後就能問出好問題，例如：「你是怎麼從郵局到學校的？我剛才沒聽到。」記得要主動傾聽，並不只是坐著聽對方說話，坐著聽對方說話，機器人也做得到，主動傾聽才真的會發揮效果。

我小時候聽了很多歌劇，我爺爺寫了八齣歌劇，我們家以前常常聽他的作品，另外還有威爾第、普契尼、莫札特的音樂。許多美國小孩會認識一點華格納的音樂是因為「兔寶寶」的卡通，我小時候卻固定會聽他的歌劇作品《指環》。但我從來就沒喜歡過歌劇。

讀大學時，我本來打算要修古典戲劇，但一年級讀到一半，我準備轉學，發現新學校只有歌劇系才有獎學金，徵試時必須表演一首藝術歌曲和一首詠歎調。我只有四天的時間準備，那幾天只好大量聽歌劇。我現在早已經忘了唱哪一首，只知道還沒站在評審委員面前表演，我已經深深愛上歌劇了。

為什麼會有這樣的轉變？以前聽歌劇那麼多年，我那幾天終於聽進心坎裡了。之前，我一直把歌劇擺在心中的某個角落，就連聽音樂會時也沒有專心聽。平常聽歌劇，我只是把它當成背景音樂，邊聽邊想其他事情。那幾天真正把歌劇聽進去，我被深深撼動，彷彿經歷一場精神饗宴。我真正傾聽別人說的話時，有時也有差不多的感受。

從事電台報導，我的目標是話愈少愈好，要想辦法讓受訪者繼續說下去。我也知道，錄音內容有我個人意見的部分都不能用。因此，我養成習慣問簡短直接的問題，然後閉上嘴巴，盡可能專心傾聽。

有時候，我以為訪談會很無聊，結果卻很精采。我曾經在密西根做了一則有關紫貽貝的報導，結果發現，這名科學家終身致力於拯救小而平凡的貽貝，愈聽愈有意思。我花了很多時間到加油站訪問民眾。我也遇見形形色色的人，背景不同，收入也不同，卻都獨一無二，有自己的人生智慧可分享。

如果你想要變聰明，請多多傾聽。如果你想要婚姻美滿，請主動傾聽。如果你想要友情加溫，就少說多聽。率先研究傾聽這門學問的雷夫・尼可斯博士說，人最大的基本需求「是想要了解別人，以及被別人了解。了解別人最好的方法是傾聽」。我可以不誇張的說，傾聽是我這輩子學到最重要的技能。

傾聽的重要性，有太多成功人士說得比我好，我很怕一整章都在引述，但請容許我再提到一個我最喜歡的訪談來賓，也就是小說家薩爾曼．魯西迪。他的著作《兩年八個月又二十八夜》（*Two Years Eight Months and Twenty-Eight Nights*）中有個角色是精靈，靠傾聽施展魔法。聽我問到這個角色，他說：「她可以把耳朵貼在你的胸口，就知道你的渴望……。我覺得作家必須很懂得傾聽，要能夠真正聽懂別人的話，再重現出來。所以說，傾聽是一種強大的魔力。」[12]

16 有時無聲勝有聲

偶爾背對世界，才能了解世界。

——卡繆（Albert Camus）

我在家裡不常打電話，需要聯絡第四台和預約看醫師的時候，我會請兒子代勞。我的工作要整天說話，下班回到家已經累癱了，需要安靜沉澱幾個小時，所以常常沒有餘力跟客服和園藝師閒聊。因為不想失禮，於是把這類對話交給其他人。準備好晚餐之後，我通常又有精神主動傾聽，跟其他人正面互動。

並不是只有我這樣。科學研究證實，並非所有的對話都是良性或有幫助。二〇一〇年，亞利桑那大學的研究人員曾做過一項研究，讓幾十名受測學生戴上錄音裝置，記錄他們的對話，事後請學生評估自己的快樂程度。常花時間跟其他人相處的學生，往往表示自己很快樂。實際上快樂程度最高的學生，獨處的時間比其他受測者少二五％，跟其他人說話的時間多出七〇％。[1]

這樣的結果並不意外。我們都知道人類是社交的動物，寂寞孤獨時往往覺得不快樂。但這項研究也有新發現：並非所有對話都會帶來快樂。

這群研究人員發現，跟其他受測學生相比，快樂程度最高的人閒聊時間少三分之一，深層對話的時間多出一倍。研究的結論是：「快樂的人生建立在多互動、少孤立的生活，而且對話更深層。」

大多數人每天面臨不得不閒聊的場合，跟服務生聊餐廳狀況，在電梯跟陌生人講到天氣等等。有些閒聊躲也躲不掉，例如老闆沒有重點的跟你話家常，有時沒辦法抽身。有時候，最好的策略是乾脆別說話。如果沒有精力專注在對方身上，倒不如先獨處，才不會說出氣話或言不由衷。

寒暄也許很讓人討厭。有些對話會讓人精疲力盡。最近有個同事突然講到她妹妹的婚姻觸礁，但我跟她不熟，也從來沒有見過她妹妹。她需要把擔憂說出來，希望有人給她安慰，但我實在沒有多餘的精力，只好說：「你妹妹的狀況真的好可憐，我相信她的壓力一定很大。我希望有時間能多聊，可是我今天有個工作要截稿。」這樣好過我一邊聽得不專心，一邊給出沒有意義的回答，像是：「真可憐，好慘喔。」與其害她對牛彈琴，還不如讓她去找願意傾聽的同事。

好的對話需要力氣與專心，兩者常常供不應求。如果沒有辦法有意義的互動，我建議不要勉強，就誠實而禮貌的婉拒對方吧。

利用獨處補充能量

在疲累或心煩氣躁的狀態下，對話不但對彼此無益，效果也不好。勉強聊天，自己不高興，也可能記不住對方說了什麼。如果無法專心對話而不得不婉拒，千萬不要覺得有罪惡感。

內向的人聽到這點，可能就放心了。蘇珊・坎恩（Susan Cain）在著作《安靜，就是力量：內向者如何發揮積極的力量！》（*Quiet: The Power of Introverts in a World That Can't Stop Talking*）宣導一個觀念：之所以內向，有個原因跟獲得精力的方式有關。內向者在獨處的時候補充能量，對他們來說，一直跟其他人相處說話壓力很大，很耗費心神。[2]

但獨處不只對內向者有好處，每個人如果偶爾清靜一下，都能從中受惠。伊利諾大學有項研究指出，青少年如果在課堂外花至少二五％的時間獨處，不但學業成績更好，也更不容易心情沮喪。研究負責人瑞德・拉森（Reed Larson）說：「吊詭的是，獨處並不快樂。但獨處似乎有反彈作用，就好像良藥苦口。」青少年不喜歡獨處，但獨處之後卻能提振心情，正面效果至少可以延續一週。[3]

也有許多名人軼事和科學證據指出，獨處可以促進創造力與深層思考。梭羅（Thoreau）獨居在華爾騰湖（Walden Pond），寫下《湖濱散記》；法國文學大師普魯斯特（Marcel Proust）住在巴黎的簡陋公寓時，為了隔絕噪音，用軟木貼滿牆壁，進而寫出名作。可見獨處也可以很美好。

但創意專家指出，在獨處與合作之間取得平衡，才能真正激發出創意。也就是說，史蒂夫．沃茲尼克（Steve Wozniak）雖然在家發明了個人電腦，卻是因為他與賈伯斯合作，與電腦小組成員討論，才有了靈感。對話激盪出靈感，而後獨處聚焦思考。

米哈里．契克森米哈伊（Mihaly Csikszentmihalyi）在這個領域的研究影響深遠。他說：「創意人往往兼具外向與內向的個性。」就算你不是發明家或藝術家，就算你很外向，研究顯示，固定花時間獨處也有好處。[4]哈佛大學有一項研究指出，獨處之後更能夠發揮同理心。[5]偶爾避開對話，反而能夠改善人際關係，讓日後的對話更有品質。

可惜，我們並不會固定找機會獨處，大多數人不喜歡獨處。哈佛大學與維吉尼亞大學的研究人員分別做了十一項研究，結果發現，一般人都不喜歡被隔離。[6]實際上，「許多人甚至寧可電擊自己，也不想要獨處思考。」在害怕孤獨之下，會讓人想要與人對話，甚至是勉強自己。

別忘了，對話應該重質不重量。一整天講個不停，並不會變成說話達人，打開話匣子未必能提升內容的價值，就像貝多芬的音樂播久了，也會淪為背景音樂一樣。不可能每次有人打招呼，你就能跟他進行一場精采深入的對話。所以，如果坐地下鐵時需要靜下心，留精神回家傾聽家人的話，那就別勉強自己閒聊，也不須對此覺得愧疚。

就算你一天只有跟人對話一次，應該也會從中有所啟發，這樣的對話才能豐富人生，讓你對生活周遭的人有更深刻的認識。

結論

今天行動，明天就有機會進步。

——雷夫．馬斯頓（Ralph Marston），作家與激勵大師

我以前從沒想過會從事說話的工作，更壓根兒沒料到會出面宣導對話的重要。走到這一步，是因為我多年來不斷的觀察、研究、累積經驗，讓我更加相信對話有改變世界的力量。

有些人聽我這麼說，可能會覺得我太天真了，我的記者同事就是這麼認為。記者可以說是憤世嫉俗的一群人，整天報導詐欺、貪腐、暴力、戰爭、疾病等等的人性醜陋面。我們對政治抱持存疑態度，因為我們每天在幕後看盡立

法百態。

但發生卡崔娜颶風或海地大地震這樣的重大慘劇時，報導人性光明面也是我們的職責。有的民眾心靈受創，有的受難者災後生活發生巨變，我們與這些人對話，從大量資訊中理出脈絡清楚的報導，希望讓觀眾能對他們的處境感同身受。

我在一九九九年開始記者生涯，這麼多年下來，我發現人與人的對話品質愈來愈低，大家似乎更不願意從不同來源吸收資訊。我們覺得不再了解彼此，也因此彼此不信任。

現在的科技愈來愈發達，人手一支智慧型手機，當然也對問題沒有幫助，但我不怪科技。儘管許多人誤以為上網貼文回覆就等於對話，但我也不怪社群媒體。政論節目名嘴靠著把小事講成大事來賺錢，雖然可能加深社會分化，但我也不怪他們。

老實說，我們愈來愈沒辦法對話，我認為不能歸咎於哪些人或哪種事物。問題的原因太多，但解決方法只有一個，那就是：開啟對話。對話能力的崩壞，不只對社會有害，也衝擊我們共通的人性。

寫這本書時，我請教過許多領域的專家，讀過無數的研究報告。有太多資訊都讓我如獲至寶，有醍醐灌頂的感覺，但我對有一項研究特別難忘。這項研究指出，年輕人的同理心有加速式微的現象。

同理心與同情心是兩碼子事。同情心是「我知道你的感受」，同理心是「我能感同身受」。同情對方時，兩人之間還是有距離，你是你、我是我，有時甚至會淪為可憐對方。同理心則是跟對方建立交集，知道你我都是人，難免有掙扎的時候，大家有共同之處。

懂得同理心的醫師，病患更健康。[1]懂得同理心的主管，員工士氣更好，病假天數更短。能夠有同理心，所以偏見少了、霸凌少了、善行多了。同理心也是道德的基礎。聖經新約的「金科玉律」（The Golden Rule）提到要「己之所欲，施之於人」，但我們必須先具備同理心，才有辦法把別人的需求看成是自己的需求。

科學家找到許多培養同情心的方法，包括參加樂團玩音樂[2]、多讀小說[3]，但最有效的方法之一就是對話。好的對話讓人認識對方的經驗，再拿自己的經驗做比較，以對方的立場設想。加州大學柏克萊分校至善科學中心（Greater Good Science Center）以神經科學與心理學為研究領域，致力於打造更有生命力、更慈悲的社會，中心研究人員建議以互動增加同理心，可以透過四個簡單的方法練習：

1. 主動傾聽。
2. 分享別人的喜悅。
3. 找到與別人的共同點。
4. 注意臉部表情。

想要一次練習到這四點嗎？找人對話就對了。

兩個人懂得彼此體諒，對話自然精采。思考自己的言行會有何影響，避免傷害到對方，這不正是體諒的定義嗎？但知易行難，社會學家指出，自戀現象愈來愈嚴重，我們需要持續努力與練習，才能真正體諒他人。

追根究底，這本書提到的方法與策略有個最根本的目的，就是讓各位在對話時更能體諒對方。懂得體諒，對話不但更有品質，關係也能加溫，最終活出更豐富的人生。

把重點擺在對方身上，不只能夠改善對話技巧而已。比方說，多年來學界已經證實，擔任志工有益心理健康。花時間協助其他人可以降低孤獨感，減輕憂鬱的症狀。

除了助人為快樂之本之外，科學家最近發現，擔任志工還能讓人更健康。[4] 有項研究顯示，每年擔任志工至少兩百個小時的人，罹患高血壓的機率大幅降低。另一項研究顯示，固定擔任志工的人更長壽。[5] 既然如此，大家如果想預防勝於治療，為什麼不擔任志工呢？問題就在於，只有主動擔任志工、樂在其中的人，才能享受到這些好處，出於工作規定而擔任志工的人並不適用。

對話也是同樣的道理。如果並非真心想要認識對方、了解對方，效果就會大打折扣。主動找同事說話，一種動機是認識他讓你走路更有風，另一種是真心想認識對方，兩者出發點不同，效果也截然不一樣。

我現在還堅守記者的崗位，是因為我相信資訊的力量可以促進社會進步，對話能為不同的族群搭起橋梁。我衷心相信，此時此刻正是一個改善世界的大好機會。起頭不難，跟鄰居打聲招呼就是最好的開始。

來吧，先把手機擱在一邊，好好跟人對話，更別忘了仔細傾聽。過程中會有驚訝、有樂趣、有啟發，有時也可能聽得發火。但只要願意對話，不像大多數人誤把膚淺閒聊當對話，過程絕對不會無聊。

不管你下次何時跟人對話，祝你們有個精采的對話！

致謝

要感謝的人太多。把範圍拉大的話，我生平的每一位老師都值得感謝。每個願意花時間與我相處的朋友，每個願意接受訪談的節目來賓，我都感謝在心。

縮小範圍，我由衷感謝對這本書有直接影響的人。Julie Will 是我的編輯，做事耐心縝密，打從一開始便深知這個議題很重要。Heather Jackson 是全天下最聰明、最支持我的經紀人。Carol Kino、Theresa Bierer、Beth Jones 是才女兼好友，總是願意傾聽我的心聲。Don Smith 向來不吝增刪我的初稿，給我忠實的建議。Teya Ryan 與 GPB 公司的員工；Pete Sandora 幫我找到內在力量，讓我學到適時婉拒。Cynthia Sjoberg 根本就是神力女超人。Doug Mitchell 是我的師父，對我坦誠相待，鼓勵我，又提供莫大的幫助，怎麼也感激不盡。Kathy Lohr 與 Roxanne

Donovan 是我讀書會的傑出女性。Cindy Carpien、Laura Bertran、Jacob Conrad 是最好的編輯與良師，身為記者的我心存感恩。

我最要感謝的人是兒子 Grant。他幾乎從小跟我相依為命，既有幽默感又有聰明才智，我夫復何求。我只希望他能少用雙關語。

我能思考到傾聽的重要，必須感謝幾個大師級人物，包括 Dale Carnegie、Ralph Nichols、Studs Terkel 等人。也要感謝諸多傑出的研究人員，讓我有參考資料，也是我的靈感來源，這些人包括：Sara Konrath、Mark Pagel、Steve Levitt、Stephen Dubner、Daniel Kahneman、Dave Isay、皮尤研究中心與加州大學柏克萊分校的至善科學中心。特別感謝 Sherry Turkle，她憂心提到對話能力的式微，後來在加拿大班夫的 TED 高峰會與我碰面時，願意花時間聽我的想法。

大大感謝致力於分享想法、促進對話的 TED。最後要感謝 NPR、PRI，以及所有在公共媒體堅守崗位的記者朋友。公共廣播電台自一百多年前成立以來，持續催生出精采的對話內容，也讓我有機會訪問到全球最有創意、最有想法、最有意思的人，由衷感謝。

各章注釋

前言

1. National Transportation Safety Board Bureau of Accidents, *Air Florida, Inc., Boeing 737–222, N62AF, Collision with 14th Street Bridge*, Aircraft Accident Report, Springfield, Virginia, National Technical Information Service, 1982.
2. Michelle Clark, "Study: Poor Communication Leads to Malpractice, Death," *Patient Safety & Quality Healthcare*, February 3, 2016.
3. France Neptune and Mallery Thurlow, "A Heart Wrenching Update from Haiti," interview by Celeste Headlee and John Hockenberry, January 13, 2010.
4. Wesley Morris, "Why Calls for a 'National Conversation' Are Futile," *New York Times*, August 2, 2016.

第一章　對話是生存利器

1. Joseph Stromberg, "Where Do Humans Really Rank on the Food Chain?" *Smithsonian*, December 2,

2013.

2. 引自 Mark Pagel, "Why We Speak," *The Atlantic*, June 24, 2016.
3. Ibid.
4. Cognisco, "$37 Billion—US and UK Businesses Count the Cost of Employee Misunderstanding," Marketwire, June 18, 2008, http://www.marketwired.com/press-release/37-billion-us-and-uk-businesses-count-the-cost-of-employee-misunderstanding-870000.htm.
5. Willis Towers Watson, *2009/2010 Communication ROI Study Report: Capitalizing on Effective Communication*, 2010; originally published by Watson Wyatt Worldwide.
6. Daniel Kahneman, *Thinking, Fast and Slow* (New York: Farrar, Straus and Giroux, 2011).
7. R. Agarwal, D. Z. Sands, and J. D. Schneider, "Quantifying the Economic Impact of Communication Inefficiencies in U.S. Hospitals," *Journal of Healthcare Management* 55, no. 4 (2010): 265–81.
8. Heather Boushey and Sarah Jane Glynn, "There Are Significant Business Costs to Replacing Employees," Center for American Progress, November 16, 2012.
9. John Doerr, "How Top Sales People Lead Sales," RAIN Group.
10. Neil Howe, "Why Millennials Are Texting More and Talking Less," *Forbes*, July 15, 2015.
11. Michael Chui, James Manyika, Jacques Bughin, Richard Dobbs, Charles Roxburgh, Hugo Sarrazin, Geoffrey Sands, and Magdalena Westergren, *The Social Economy: Unlocking Value and Productivity Through Social Technologies*, McKinsey Global Institute, July 2012.

12. Ross McCammon, "Why a Phone Call Is Better Than an Email (Usually)," *Entrepreneur*, November 5, 2014.
13. Common Sense Media, *Technology Addiction: Concern, Controversy, and Finding Balance*, 2016.
14. Paul Barnwell, "My Students Don't Know How to Have a Conversation," *Atlantic*, April 22, 2014.
15. Jonathan Haidt and Marc J. Hetherington, "Look How Far We've Come Apart," *New York Times*, September 17, 2012, https://campaignstops.blogs.nytimes.com/2012/09/17/look-how-far-weve-come-apart/.
16. Q, *Leading in a Pluralistic Society*, Q Research Brief, 2016.
17. Christopher Groskopf, "European Politics Is More Polarized Than Ever, and These Numbers Prove It," *Quartz.com*, March 30, 2016.
18. David W. Brady, "Sure, Congress Is Polarized. But Other Legislatures Are More So," *Washington Post*, February 17, 2014.

第二章　溝通不等於對話

1. The Radicati Group, *Email Statistics Report, 2015–2019*, March 2015.
2. Pew Research Center, *Global Digital Communication: Texting, Social Networking Popular Worldwide*, updated February 29, 2012.
3. Sara Konrath, Edward H. O'Brien, and Courtney Hsing, "Changes in Dispositional Empathy in

American College Students over Time: A Meta-Analysis," *Personality and Social Psychology Review* 15, no. 2 (2011): 180–98.

4. Joe R. Feagin, Hernan Vera, and Pinar Batur, *White Racism* (New York: Routledge, 1995).
5. Abdullah Almaatouq, Laura Radaelli, Alex Pentland, and Erez Shmueli, "Are You Your Friends' Friend? Poor Perception of Friendship Ties Limits the Ability to Promote Behavioral Change," *PLoS One* 11, no. 3 (March 22, 2016): e0151588.
6. 引自 Kate Murphy, "Do Your Friends Actually Like You?," *New York Times*, August 6, 2016.
7. Leon Watson, "Humans Have Shorter Attention Span Than Goldfish, Thanks to Smartphones," *Telegraph*, May 15, 2015.
8. Andrew K. Przybylski and Netta Weinstein, "Can You Connect with Me Now? How the Presence of Mobile Communication Technology Influences Face-to-Face Conversation Quality," *Journal of Social and Personal Relationships* 30, no. 3 (2012): 237–46.
9. Keith Hampton, Lee Rainie, Weixu Lu, Maria Dwyer, Inyoung Shin, and Kristen Purcell, *Social Media and the "Spiral of Silence,"* Pew Research Center, August 26, 2014.

第三章　對話卡卡，你也有責任

1. David Dunning and Justin Kruger, "Unskilled and Unaware of It: How Difficulties in Recognizing One's Own Incompetence Lead to Inflated Self-Assessments," *Journal of Personality and Social Psychology* 77, no. 6 (1999): 1121–34.

2. David Mahl, "The Upside of Divorce," *Psychology Today*, March 1, 2000.

第四章　為對話打好基礎

1. Marianne LeVine, "Minorities Aren't Well Represented in Environmental Groups, Study Says," *Los Angeles Times*, July 28, 2014.

第五章　有些對話比較難

1. Maria Saporta, "Xernona Clayton," *Atlanta*, May 1, 2011.
2. Robert Mcg. Thomas Jr., "Calvin F. Craig, 64, Enigma in Klan and Civil Rights Work," *New York Times*, April 24, 1998.
3. Carolyn Y. Johnson, "Everyone Is Biased: Harvard Professor's Work Reveals We Barely Know Our Own Minds," Boston.com, February 5, 2013.
4. Annie Murphy Paul, "Where Bias Begins: The Truth About Stereotypes," *Psychology Today*, May 1, 1998.
5. Lin Edwards, "Study Demonstrates the Evolution of Stereotypes," Phys.org, https://phys.org/news/2012–09-evolution-stereotypes.html.
6. Vinson Cunningham, "Obama and the Collapse of Our Common American Language," *New Yorker*, July 13, 2016.
7. Q, *Leading in a Pluralistic Society*, Q Research Brief, 2016.

8. Patrick Phillips, *Blood at the Root: A Racial Cleansing in America* (New York: W. W. Norton, 2016).
9. Marie Guma-Diaz and Annette Gallagher, "Power of an Apology," University of Miami press release, July 14, 2014.
10. Michael McCullough, "Getting Revenge and Forgiveness," interview by Krista Tippett, *On Being*, May 24, 2012.
11. Beverly Engel, *The Power of Apology* (New York: J. Wiley, 2001).
12. BBC News, "Warsaw Jews Mark Uprising," April 20, 2003.
13. Kazimierz Moczarski, *Conversations with an Executioner* (Englewood Cliffs, NJ: Prentice-Hall, 1981).

第六章　專心對話，其餘免談

1. Jon Hamilton, "Think You're Multitasking? Think Again," NPR *Morning Edition*, October 2, 2008.
2. Quoted ibid.
3. Daniel J. Levitin, "Why the Modern World Is Bad for Your Brain," *Guardian*, January 18, 2015.
4. Ibid.
5. M. G. Siegler, "I Will Check My Phone at Dinner and You Will Deal with It," *TechCrunch*, February 21, 2011.
6. Celeste Headlee, "Barenaked Ladies Meet Shakespeare," NPR *Morning Edition*, June 3, 2005.

7. Ralph G. Nichols and Leonard A. Stevens, "Listening to People," *Harvard Business Review* 35, no. 5 (September–October 1957): 85–92.
8. Brigid Schulte, "Harvard Neuroscientist: Meditation Not Only Reduces Stress, Here's How It Changes Your Brain," *Washington Post*, May 26, 2015.

第七章　你我大不同！

1. Charles Derber, *The Pursuit of Attention: Power and Ego in Everyday Life*, 2nd ed. (New York: Oxford University Press, 2000).
2. R. I. M. Dunbar, Anna Marriott, and N. D. C. Duncan, "Human Conversational Behavior," *Human Nature* 8, no. 3 (1997): 231–46.
3. Bonnie Badenoch, *Being a Brain-Wise Therapist* (New York: W. W. Norton, 2008).
4. Judith Martens, "Covey #5: Seek First to Understand, Then to Be Understood," *Behavior Change, Covey Series, Social Psychology*, July 16, 2013.
5. Max-Planck-Gesellschaft, "I'm OK, You're Not OK," October 9, 2013.
6. Michael W. Kraus, Stephane Cote, and Dacher Keltner, "Social Class, Contextualism, and Empathic Accuracy," *Psychological Science* 21, no. 11 (2010): 1716–23.
7. Stephanie Pappas, "To Read Others' Emotions, It Helps to Be Poor," *LiveScience*, November 16, 2010.

第八章　別霸占肥皂箱

1. Fon Louise Gordon, “Carrie Lena Fambro Still Shepperson (1872–1927),” *Encyclopedia of Arkansas History and Culture*, 2008.
2. R. F. West, R. J. Meserve, and K. E. Stanovich, “Cognitive Sophistication Does Not Attenuate the Bias Blind Spot,” *Journal of Personality and Social Psychology* 103, no. 3 (2012): 506–19.
3. David McRaney, *You Are Not So Smart* (New York: Gotham Books, 2011).
4. Alexios Mantzarlis, “Fact-Checking Doesn’t ‘Backfire,’ New Study Suggests,” *Poynter*, November 2, 2016.
5. 來自賈伯斯〈遺失的訪問〉（lost mterview），由羅伯特．克林格利（Robert X. Cringely）主持一九九六年公共廣播電視公司的特別節目《電腦狂的勝利》（*Triumph of the Nerds*）。
6. Michael Dimock, Jocelyn Kiley, Scott Keeter, and Carroll Doherty, *Political Polarization in the American Public: How Increasing Ideological Uniformity and Partisan Antipathy Affect Politics, Compromise and Everyday Life*, Pew Research Center, June 12, 2014.
7. Keith Hampton, Lee Rainie, Weixu Lu, Maria Dwyer, Inyoung Shin, and Kristen Purcell, *Social Media and the “Spiral of Silence,”* Pew Research Center, August 26, 2014.
8. M. Scott Peck, *The Road Less Traveled and Beyond: Spiritual Growth in an Age of Anxiety* (New York: Simon and Schuster, 1997).

第九章　說得多不如說得巧

1. Ian Hardy, "Losing Focus: Why Tech Is Getting in the Way of Work," BBC News, May 8, 2015.
2. Maia Szalavitz, "The Key to a High IQ? Not Getting Distracted," *Time*, May 24, 2013.
3. 引自 Lisa Earle McLeod, "The Real Reason So Many People Are Such Bad Communicators," *Huffington Post*, March 25, 2011.

第十章　說話不跳針

1. Stephanie Castillo, "Repeat After Me: Repetition While Talking to Others Can Help Improve Your Memory," *Medical Daily*, October 7, 2015.
2. Zachariah M. Reagh and Michael A. Yassa, "Repetition Strengthens Target Recognition but Impairs Similar Lure Discrimination: Evidence for Trace Competition," *Learning and Memory* 21, no. 7 (2014): 342–46.
3. 引自 Joseph Stromberg, "Re-reading Is Inefficient. Here Are 8 Tips for Studying Smarter," *Vox*, January 16, 2015.
4. Gary Wolf, "Want to Remember Everything You'll Ever Learn? Surrender to This Algorithm," *Wired*, April 21, 2008.

第十一章　這是個好問題

1. Robert B. Cialdini, *Influence: The Psychology of Persuasion*, rev. ed. (New York: Harper Business, 2006).
2. 引自 Ross McCammon, "Why a Phone Call Is Better Than an Email (Usually)," *Entrepreneur*, November 5, 2014.
3. James Stephens, *Traditional Irish Fairy Tales* (New York: Dover Publications, 1996).

第十二章　沒有人無所不知

1. Sean Gregory, "Domino's New Recipe: (Brutal) Truth in Advertising," *Time*, May 5, 2011.
2. 引自 Alina Tugend, "Why Is Asking for Help So Difficult?," *New York Times*, July 7, 2007.
3. Steven Levitt, interview by Stephen Dubner, "The Three Hardest Words in the English Language," *Freakonomics Radio*, podcast, May 15, 2014.
4. Allen Francis, *What Should Doctors Do When They Don't Know What to Do (blog)*, *Huffington Post*, updated August 24, 2013.
5. Stuart Foxman, "The Three Hardest Words," Doc Talk, College of Physicians and Surgeons of Ontario; originally published as "The Three Hardest Words—'I Don't Know,'" *Dialogue* 8, no. 1 (2012).

第十三章　廢話無須多說

1. 引自 Lydia Dishman, "The Science of Why We Talk Too Much (and How to Shut Up)," *Fast Company*, June 11, 2015.

第十四章　與對方同行

1. Craig Lambert, "Ideas Rain In," *Harvard* magazine, May–June 2004.
2. Matthew T. Gailliot, Roy F. Baumeister, C. Nathan DeWall, Jon K. Maner, E. Ashby Plant, Dianne M. Tice, Lauren E. Brewer, and Brandon J. Schmeichel, "Self-Control Relies on Glucose as a Limited Energy Source: Willpower Is More Than a Metaphor," *Journal of Personality and Social Psychology* 92, no. 2 (2007): 325–36.
3. Tanya Stivers, N. J. Enfield, Penelope Brown, Christina Englert, Makoto Hayashi, Trine Heinemann, Gertie Hoymann, Federico Rossano, Jan Peter de Ruiter, Kyung-Eun Yoon, and Stephen C. Levinson, "Universals and Cultural Variation in Turn-Taking in Conversation," *Proceedings of the National Academy of Sciences of the United States of America* 106, no. 26 (2009): 10587–92.
4. Zoltan Kollin, "Myth #1: People Read on the Web," *UX Myths*.
5. Harald Weinreich, Hartmut Obendorf, Eelco Herder, and Matthias Mayer, "Not Quite the Average: An Empirical Study of Web Use," *ACM Transactions on the Web* 2, no. 1, article 5 (2008): 1–31.
6. Simon Moss, "Ventrolateral Prefrontal Cortex," *SICO Tests*, June 30, 2016.

第十五章　傾聽為上！

1. Studs Terkel, *Working: People Talk About What They Do All Day and How They Feel About What They Do* (New York: Pantheon Books, 1974).
2. David Isay, "How I Learned to Listen," *TED Blog*, March 4, 2015.
3. Ralph G. Nichols and Leonard A. Stevens, *Are You Listening?* (New York: McGraw-Hill, 1957).
4. Adrian F. Ward, "The Neuroscience of Everybody's Favorite Topic," *Scientific American*, July 16, 2013.
5. Diana I. Tamir and Jason P. Mitchell, "Disclosing Information About the Self Is Intrinsically Rewarding," *Proceedings of the National Academy of Sciences of the United States of America* 109, no. 21 (2012): 8038–43.
6. Ralph G. Nichols and Leonard A. Stevens, "Listening to People," *Harvard Business Review* 35, no. 5 (September–October 1957): 85–92.
7. Michael S. Rosenwald, "Serious Reading Takes a Hit from Online Scanning and Skimming, Researchers Say," *Washington Post*, April 6, 2014.
8. Farhad Manjoo, "You Won't Finish This Article: Why People Online Don't Read to the End," *Slate*, June 6, 2013.
9. Samantha Cole, "New Research Shows We're All Bad Listeners Who Think We Work Too Much," *Fast Company*, February 26, 2015.

10. Donella Caspersz and Ania Stasinska, "Can We Teach Effective Listening? An Exploratory Study," *Journal of University Teaching and Learning Practice* 12, no. 4 (2015): 12–16.
11. Stephen R. Covey, *The Seven Habits of Highly Effective People: Restoring the Character Ethic* (New York: Free Press, 1989).
12. Salmon Rushdie in an interview by Celeste Headlee on the show *On Second Thought* from GPB (Georgia Public Broadcasting), September 16, 2015.

第十六章　有時無聲勝有聲

1. Matthias R. Mehl, Simine Vazire, Shannon E. Holleran, and C. Shelby Clark, "Eavesdropping on Happiness: Well-Being Is Related to Having Less Small Talk and More Substantive Conversations," *Psychological Science* 21, no. 4 (2010): 539–41.
2. Susan Cain, *Quiet: The Power of Introverts in a World That Can't Stop Talking* (New York: Crown Publishers, 2012).
3. Leon Neyfakh, "The Power of Lonely," Boston.com, March 6, 2011.
4. Mihaly Csikszentmihalyi, *Creativity: Flow and the Psychology of Discovery and Invention* (New York: Harper Perennial, 2013).
5. Neyfakh, "The Power of Lonely."
6. Timothy D. Wilson, David A. Reinhard, Erin C. Westgate, Daniel T. Gilbert, Nicole Ellerbeck, Cheryl Hahn, Casey L. Brown, and Adi Shaked, "Just Think: The Challenges of the Disengaged

Mind," *Science* 345, no. 6192 (2014): 75–77.

結論

1. 同理心的定義來自 *Greater Good: The Science of a Meaningful Life*, http://greatergood.berkeley.edu/topic/empathy/definition.
2. Stacey Kennelly, "Does Playing Music Boost Kids' Empathy?," *Greater Good: The Science of a Meaningful Life*, June 8, 2012.
3. Keith Oatley, "Changing Our Minds," *Greater Good: The Science of a Meaningful Life*, December 1, 2008.
4. Rodlescia S. Sneed and Sheldon Cohen, "A Prospective Study of Volunteerism and Hypertension Risk in Older Adults," *Psychology and Aging* 28, no. 2 (2013): 578–86.
5. Sara Konrath, Andrea Fuhrel-Forbis, Alina Lou, and Stephanie Brown, "Motives for Volunteering Are Associated with Mortality Risk in Older Adults," *Health Psychology* 31, no. 1 (2012): 87–96.

國家圖書館出版品預行編目(CIP)資料

同理心對話：增加談話深度的關鍵技巧/瑟列斯特.赫莉(Celeste Headlee)著；連育德譯. -- 第二版. -- 臺北市：遠見天下文化出版股份有限公司, 2021.06
272面；14.8 × 21公分. -- (工作生活；BWL090)
譯自：We need to talk : how to have conversations that matter.

ISBN 978-986-525-200-7(平裝)

1.人際傳播 2.溝通技巧

177.1　　110009205

工作生活 BWL090

同理心對話

增加談話深度的關鍵技巧

We Need to Talk: How to Have Conversations that Matter

（原書名：超成功對話術）

作者 — 瑟列斯特・赫莉 Celeste Headlee
譯者 — 連育德

總編輯 — 吳佩穎
書系主編暨責任編輯 — 蘇鵬元
封面設計 — 倪旻鋒

出版者 — 遠見天下文化出版股份有限公司
創辦人 — 高希均、王力行
遠見・天下文化 事業群榮譽董事長 — 高希均
遠見・天下文化 事業群董事長 — 王力行
天下文化社長 — 王力行
天下文化總經理 — 鄧瑋羚
國際事務開發部兼版權中心總監 — 潘欣
法律顧問 — 理律法律事務所陳長文律師
著作權顧問 — 魏啟翔律師
地址 — 台北市 104 松江路 93 巷 1 號 2 樓
讀者服務專線 —（02）2662-0012 ｜傳真 —（02）2662-0007；2662-0009
電子郵件信箱 — cwpc@cwgv.com.tw
郵政劃撥 — 1326703-6 號　遠見天下文化出版股份有限公司
出版登記 — 局版台業字第 2517 號

電腦排版 — 立全電腦印前排版有限公司
製版廠 — 東豪印刷事業有限公司
印刷廠 — 祥峰印刷事業有限公司
裝訂廠 — 聿成裝訂股份有限公司
總經銷 — 大和書報圖書股份有限公司 電話｜（02）8990-2588
出版日期 — 2021 年 6 月 30 日第一版第 1 次印行
2024 年 3 月 12 日第二版第 6 次印行

定價 — 新台幣 360 元
ISBN — 978-986-525-200-7
書號 — BWL090
天下文化官網 — bookzone.cwgv.com.tw